"一带一路"文化先行倡议

中国传统文化
在现代生活中的应用

侯金广◎编著

THE APPLICATION OF THE
CHINESE TRADITIONAL CULTURE
IN MODERN LIFE

One Belt And One Road Culture Leading Strategy

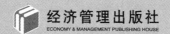

经济管理出版社
ECONOMY & MANAGEMENT PUBLISHING HOUSE

图书在版编目（CIP）数据

中国传统文化在现代生活中的应用/侯金广编著. —北京：经济管理出版社，2017.8
ISBN 978-7-5096-5228-2

Ⅰ. ①中… Ⅱ. ①侯… Ⅲ. ①中华文化—应用—社会生活 Ⅳ. ①K203

中国版本图书馆 CIP 数据核字（2017）第 165691 号

组稿编辑：陈　力
责任编辑：杨国强　张瑞军
责任印制：黄章平
责任校对：张晓燕

出版发行：经济管理出版社
　　　　　（北京市海淀区北蜂窝 8 号中雅大厦 A 座 11 层 100038）
网　　址：www. E-mp. com. cn
电　　话：（010）51915602
印　　刷：玉田县昊达印刷有限公司
经　　销：新华书店
开　　本：710mm×1000mm/16
印　　张：14.5
字　　数：198 千字
版　　次：2017 年 8 月第 1 版　　2017 年 8 月第 1 次印刷
书　　号：ISBN 978-7-5096-5228-2
定　　价：58.00 元

文化是民族的血脉，是人民的精神家园。在我国五千多年文明发展历程中，各族人民共同创造出源远流长、博大精深的中华文化。中国共产党从成立之日起，就既是中华优秀传统文化的忠实传承者和弘扬者，又是中国先进文化的积极倡导者和发展者。

中国传统文化博大精深，学习和掌握其中的各种思想精华，对树立正确的世界观、人生观、价值观很有益处。学史可以看成败、鉴得失、知兴替；学诗可以情飞扬、志高昂、人灵秀；学伦理可以知廉耻、懂荣辱、辨是非。

我们不仅要了解中国的历史文化，还要看世界，了解世界上不同民族的历史文化，去其糟粕，取其精华，从中获得启发，为我所用。

世界历史上各民族或国家每一次文化的复兴都有一个规律，那就是必须回到文化的源头上，温故而知新，汲取知识营养再前进，才能绽放出无比灿烂的光芒。

我国要想实现民族文明的复兴，就必须抓住道德文化的复兴，因为道德文化是中华民族文化的"根"文化，道德是民族精神的食粮。德国思想家亚思贝尔思说过，2500年前，人类出现了一个轴心时代，中国有孔子、

老子，古印度有释迦牟尼，古希腊有苏格拉底、柏拉图，各自创造了自己的文明，影响了两三千年的社会。

而且自16世纪以后，中国文明西传欧洲，推动着西方文明的发展，老子的思想像永不枯竭的井泉，滋养着中西文明在21世纪的大融合。

"要通过研读优秀传统文化书籍，吸收前人在修身处事、治国理政等方面的智慧和经验，养浩然之气，塑高尚人格，不断提高人文素质和精神境界。"

一个国家、一个民族的强盛，总是以文化兴盛为支撑的，中华民族伟大复兴需要以中华文化发展繁荣为条件。对历史文化特别是先人传承下来的道德规范，要坚持古为今用、推陈出新，有鉴别地加以对待，有扬弃地予以继承。

国无德不兴，人无德不立。必须加强全社会的思想道德建设，激发人们形成善良的道德意愿、道德情感，培育正确的道德判断和道德责任，提高道德实践能力尤其是自觉践行能力，引导人们向往和追求讲道德、尊道德、守道德的生活，形成向上、向善的力量。

目 录

中国传统文化
在现代生活中的应用

| 第一章 |

修身篇

第一节

社会脊梁

当今社会，"社会精英"是个非常时髦的词，但对社会精英这个词的解读，却是五花八门，众说纷纭。

在互联网上曾经出现过这样一个问题："月薪上万的社会精英都是做什么工作的？"很明显，提出这个问题的人对社会精英的解读就是每月能够挣到 1 万元工资的人。

在对这个问题的评价中，批评和质疑的声音不少，但似乎并不认为提问者对社会精英的定义方向有什么不对，只是觉得将 1 万元的工资作为社会精英的标准太低了，不是特别合适。

由此分析，个人财富的多寡，应该是相当一部分国人对社会精英评价以及内心认同的标准。

如果扩大范围综合一下国人对社会精英的基本认知，就会发现，取得高级职位的公务员、学业有成的高级知识分子、演艺界名人乃至"网红"

等，似乎都能因其成功而被当作社会精英。

在这样的普遍认知下，任何人一旦能够成功即是精英，但对于如何取得成功似乎却没有标准。

于是，那些靠无耻成名的艺人和网红们，却因为社会的物质而被追捧，最终导致各种媒体上不断爆出与这类社会精英相关的丑闻……

这实在是非常糟糕的社会现象。而出现这一现象的根本原因，在于缺少一个能够真正得到社会普遍认可，并能引领整体社会价值观的优秀群体。

换句话说，今天的社会中尚未出现一个愿意并且能够承担起"社会脊梁"责任的社会精英阶层。

中国前总理温家宝在一次和大学生座谈时说道："一个民族如果全都只看自己脚下，没有一些仰望星空的人，这样的民族是没有希望的。"

温总理用浪漫而富有想象力的语言，批判了商品社会发展过程中的短视，同时表达出对社会精英阶层的期望。

回顾中国这个文明古国的发展历史，我们不难发现，这个国家之所以能够在上千年的岁月里居于世界领先地位，最主要的原因是因为中国传统文化长期、不间断地继承发展，使得古代中国社会中存在并始终在中国历史中延续着一个能够引领社会核心价值观的优秀群体。

这个群体按照今天的说法可以被称为中国古代的社会精英阶层，若还原到古代的称呼，就是中国传统文化当中最受推崇的"士"。

那么，中国传统文化所说的"士"，指的是怎样一种人呢？这个题目出得很大，分析起来一定会很长，不过，中国古代的先贤们，还有很多关于"士"的品格的名言，通过这些名言我们可以对"士"有个大概的了解：

从身份上看，"士"可以是从政的"仕士"，也可以是在野的"处士"，还可以是身无分文的"寒士"。

孔子则从正反两个方面说明"士"对自身生活条件与理想应采取的态度："士志于道，而耻恶衣恶食者，未足与议也"（《论语·里仁》）。

意思是说，即便是有志于追求真理的人，若是以自己穿得不好，吃得不好为耻辱的话，根本不值得与之讨论真理。

换言之，孔子认为这种人根本就不配进入士的行列。另一句话更加明确："士而怀居，不足以为士矣。"（《宪问》）

意思是如果一个人过分留恋家庭的安逸生活，就不配做士了。

而儒家发展到陆象山、王阳明的时代，"士"的身份标准变得更加平民化、平等化了，"满街皆是圣人"、"与愚夫愚妇同的，是谓同德"、"不识一字也要堂堂做一个人"，简直是完全没有高低等级之分。

孟子后来进一步发挥了孔子的看法："无恒产而有恒心者，惟士能为"（《孟子·梁惠王上》），告诉人们除了"士"以外，没有人能在没有固定资产的经济条件下，坚持追求自己的崇高理想。

另外，我们不妨回顾几句非常熟悉的老话，加深对"士"的印象：

（1）"士别三日，刮目相看"，进步好快啊！所以，士应该是努力学习有进取心，并且不读死书，学必有所得的人；

（2）"士可杀，不可辱"，正所谓侠义行天下，可杀不可辱，士一定是气节高尚的人；

（3）"士为知己者死"，这是何等的仗义啊！活在人世间，如果能交到这样的朋友，那真是死而无憾了。

总之，在中国传统文化看来，"士"是一个有境界、有高度，有学识、有素质，有责任、有目标，有贡献的社会群体。

这个社会群体会因为自身的志向而承担社会责任；

因为承担的社会责任而成就个人的素养；

因为个人的素养而能够对社会有所贡献；

因为突出的贡献而被社会所推崇；

因为受到社会的推崇而成为一时乃至后世争相模仿的楷模。

说到这里，我们大致可以明白中国古代的"士"是指当时社会上出类拔萃的人：他们因德才兼备而成为社会的领导者，并因此能够引导社会德行、好的观念和价值取向的人，是一个国家、一个时代能够"以天下为己

任"的社会和政治精华，后世所说的社会精英显然指的是这样一群称得上"社会脊梁"的优秀人物。

以此作为标准，中国现实社会中因庸俗标准而被定位的所谓"成功人士"，简直连社会精英的边儿都沾不上。

无独有偶，除了中国传统文化之外，西方许多有识之士也都将"德行"与社会责任感列为社会精英必不可少的标准。

如美国历史上著名的人文主义思想家，美利坚合众国第三任总统杰斐逊就以德行作为标准将所谓社会成功人士进行分类，分别称为"自然贵族"（真贵族）和"人为贵族"（假贵族）。

他认为，美国必须由那些因德行、能力优越而出类拔萃的"自然贵族"统治；而那些"人为贵族"则最可能是对国家造成伤害的人。

他的这一思想对美国历史产生了长期而巨大的影响，自从建国两百多年来，虽然高官、富豪、文体明星等成功人士在美国社会有着绝高的社会地位与社会影响力，但真正引导美国社会主流价值观并因而成为美国社会发展的社会群体，却一直是崇尚个人奋斗的美国中产阶级。

历史发展到现代社会，传统文化不仅在中国，而且也在世界范围内受到不同程度的冲击，这种冲击已经在世界许多国家引发了不同程度的社会问题，因此，也引发了许多政治人物对正统社会精英的呼唤。

其中，非常值得国人重视的，应该是近十几年来在美国政坛上异常活跃的女政治家希拉里·克林顿的一句话："全世界每个国家的精英都在赚大钱，这是一个事实，哪一天中国成为一个例外，也就有了真正的精英。"

不管希拉里·克林顿说出这样的话是出于何种动机，有着千年优秀文化传统的中华民族都可以将之作为鞭策自身的力量，从而充分认识到我们国家也同样面临希拉里女士所说的问题。

我们的社会已经有足够多的人群分类，包括有钱但并不优秀的富豪，已经有足够多有职位但并不优秀的人，而我们的社会缺乏的，是一个真正健康发展的社会所需要的社会精英。

而中国传统文化中"士"的传承，恰恰为我们提供了新时代社会精英应有形象的基本模板。

因此，只要我们全社会都能认识到精英与否不在于贫富、知识高低、社会地位或家庭出身，精英是一种精神境界，一种品格"以天下为己任"的胸怀。只要拥有了这些素质，哪怕是庸人眼中最瞧不起的某些人，也同样可以成为社会精英，成为当代中国所需要的"社会脊梁"。

第二节
商中之"士"

古代平民分为四等，也就是所谓"四民"：分别为士、农、工、商。

商排在最后，士、农、工、商是古人按着为社会贡献大小的顺序来排列的。其中治国安邦的人才"士"排在第一，负责买卖的"商"排在最后。其原因主要是传统儒家文化鄙视商人的趋利性，所谓："天下熙熙皆为利来，天下攘攘皆为利往。"

两千多年前的古人深刻地洞察到了人类社会的利益法则，留下了这句千古名言，而这句名言中轻蔑的语气，则诠释出"商"在古代地位不高的重要原因。

但如果我们纵观中国历史，就会发现商人受歧视的普遍性中包含着某些特殊的例子：

在《史记·货殖列传》中记载了被中国人奉为财神爷的范蠡的故事。

范蠡一生中，三次将挣来的财富分给朋友和百姓，分完以后又重新创业，而且在创业中始终以诚信和仁义为经营的出发点，他从来不像一般商家那样精打细算，盘剥敛财，而是对合作者谦和礼让，对待雇工十分慷慨。遇到灾年减产，就减免地租；同时，开粥场赈济灾民。

在年初，和一些农民、商人签订商品收购合约，到年底，如果商品价

格上涨，范蠡按照市场现价收购；如果价格下跌，就严格履行合约价格。

所以，由于他的诚信和仁义使其三次千金散尽后很快又能取得商业上的成功。

范蠡这种乐善好施回报社会的善举，更使他的经商之道和诚信仁义远近闻名、流传后世。

正因为他仗义疏财，从事各种公益事业，从而获得"富而行其德"的美名，成为几千年来的商业楷模，史称"商圣"。所以被后人推崇为能带来财富的财神爷的化身。而如果要归纳范蠡受到如此尊崇的原因，显然不仅因为他是当时富可敌国的巨富，而是他"君子爱财，取之有道"以及"取之社会，用之社会"的德行。

所谓君子，就是"士"，而范蠡，就是后来儒家推崇的商人中具备"士"所需道德品行的典范。

儒家观点中"士"的阶层，发生于春秋战国中国社会结构、阶级关系变化时期。

士的定义，并不像很多人简单理解的那样指古代知识分子或者官员等，而是孔子和原始儒家观点中除了具有渊博的知识之外，还能在灵魂、品格、理想、行为操守等方面堪称社会典范的知识分子。而孔子和原始儒家理想士人的标准，此后成为中国古代优秀知识分子的传统。

在孔子和原始儒家的标准当中，对士的根本要求是使自己终身成为道的坚守、维护与弘扬者。

在儒家经典《论语》当中，《论语·述而》专门讲了"志于道"；而《论语·里仁》进一步强调"士志于道"；《论语·卫灵公》则提出"人能弘道"的要求。

也就是要求一名真正的士，必须终身不懈地向往、追求、维护道；而且，还是道的弘扬者。

孔子和原始儒家所说的"道"，简言之，即社会的基本价值、基本准则。是指一个社会赖以存在，得以正常运转并发展的根本保证，所维护的是社会的整体利益。

而道的贯彻、落实、维护、弘扬，都必须依靠士。因此，士首先应是一个自觉接受、拳拳服膺道，能将道落实为自身实际行动的人，是一个道德高尚的人。

因此，孔子和原始儒家要求士志于道，即是要求士具有使命感、责任感成为社会基本价值、准则的维护者。而范蠡恰恰由于既是"取财有道"，又是"用财有道"，是经商而能弘道的典范，完全达到孔子与原始儒家对"士"的要求标准，因而，他能在如此漫长的岁月中一直受到推崇也就毫不奇怪了。

商人的地位在现代社会早已不再是"四民"当中的末位，他们当中许多人都会被当作成功人士的典型，但同时也有不少人被贴上"土豪"的标签。

而即使是他们当中的成功人士，也基本无法与古代的范蠡相提并论，究其原因，差距应该主要表现在"取财有道"与"用财有道"方面。

由此看来，要成为真正成功的企业家，就必须提高自己的道德素养，从"修身"入手以完善自己的人生。

第三节

大志雄心

如果想成为一个像范蠡的企业家，首先就应该"修身"，根据"士"的标准提高自身的修养与素质。

孔子在《大学》就明确地指出："身修而后家齐，家齐而后国治，国治而后天下平"，认为欲治国平天下应当从修身做起。其实，古时的治国平天下自然需要如此，现代社会的引领世界发展的企业家们又何尝不需要如此呢？

而要做到这一点，首先就必须了解自己肩负的重任，并在这个基础上有意识、有目的地培养，增强自己的使命感和责任感。

而博大精深的中华传统文化在这方面为我们留下了太多有益的启迪。

而其中最基础的一点就是要树雄心立大志。

众所周知，在世界最发达的国家美国，有一个非常著名的励志故事：

20 年前，在轮船上当杂工的约翰一边清洗甲板，一边望着轮船刚刚路过的岛屿，心里转着一个念头：我要是能在这岛上有一套自己的房子就好了。

约翰所向往的那个岛，是美国最高档的社区之一，与岛外基本隔绝，只有一条可供进出的马路，岛上的居民则全部是来自世界各地的顶级富豪。

在这样的岛上买自己的住宅，对于每天只能挣几十美元的穷小子约翰来说，无异于天方夜谭。

但是，在有了这样的想法 20 年之后，年近 40 岁的成功企业家约翰买下了那座小岛……

美国人喜欢用这样的成功故事激发百姓的"美国梦"，但相对于今天的"中国梦"来说，范蠡式的成功应该更加励志。二者的差距从根本上说，美国梦的基础是财富梦想，而中国梦的基础则是以天下为己任的远大理想。

中国的传统文化中，励志的名句数不胜数。比较典型的有曾子在其所著的《泰伯》中有这样一段话："士不可以不弘毅，任重而道远。仁以为己任，不亦重乎？死而后已，不亦远乎？"后人根据这段话的意思，将其浓缩为一个著名的成语，就是我们所熟悉的"任重道远"。

所谓"任重道远"，不只是落实、推行、弘扬仁德，使之普及于社会，更有治国平天下的要求、责任，意味极其深长，因而，两千五百多年来，我们中华民族的无数仁人志士，都一直以这个成语自策、自警、自勉，直到今天。

被儒家奉为亚圣的孟子，是个高度自信的人物，而且性格极度豪放，他在《孟子·公孙丑下》中有这样一句话："如欲平治天下，当今之世，舍我其谁也？"

这句看似狂妄，实则大有担当的话给我们留下了另一个著名的成语，就是"舍我其谁"。

后世的中华人民共和国开国领袖毛泽东曾在自己学生时期喊出"天下是我们的天下，国家是我们的国家，我们不说谁说？！我们不干谁干？！"可以说跟当年孟子的话语一脉相承，透露出冲天豪气和胸怀天下的高度责任感。

以天下为己任，应该是中国自古至今诸多有志之士的共同志向，也正是这样的志向，在20世纪的中国造就出以中国共产党人为代表的无数"身无半文而心忧天下"的革命者，并由他们带领成就了社会主义新中国的千秋伟业。

没有伟大的抱负，就没有伟大的事业。

所以，树雄心，立大志是走向成功必不可少的一步。在时间脚步跨入21世纪的今天，我们所处的社会与当年的有志之士已经大不相同，但如果想成为真正成功的企业家，就必须树雄心，立大志，继承我们民族前辈们以天下为己任的伟大志向。

因为，无数事实已经证明，没有远大志向的商人，或许能够有一定的成就，但不可能有范蠡那样的担当，因而也就不可能有范蠡那样的成功。

所以，志向远大应该是一个希望像范蠡那样成功的企业家最基本的素质。

第四节

道德典范

中国传统文化对士的要求虽包括才干、能力，但更主要的还是道德。

这是因为，成功的人，必然会受到比他人更多的社会关注。一般而言，越是成功的人，所受到的社会关注程度越高。

社会关注本身不是坏事，但却会使成功者的缺点错误在公众眼里放大，这不仅使得成功者本人受到比普通人更多的挑剔与指责，更糟糕的是会给心智尚不成熟的青少年留下错误的印象，将成功与成功者的缺点错误没有逻辑地关联到一起，结果是能不能学到成功经验尚未可知，学坏却很容易。

所以，中国传统文化讲求的修身特别强调道德修养。

孔子曾说："修己以安人"，"修己以安百姓"（《论语·宪问》），就是说，欲想安人、安百姓，前提是做好自身的道德修养，使自己成为有德之人。

也就是说，孔子赋予要求身负治国重任的士人必须先承担起守道、行道、卫道、弘道的责任和使命，因而必须对自身进行道德品质和理想人格的塑造。

在孔子看来，只有具有高尚的品质，才能获得社会的信任、景仰，从而产生实实在在的正面社会影响，按现在的说法就是具有正能量。也只有充满正能量的人，才能承担"安百姓"的责任与使命。将这样的标准运用到现代社会，大到治理一个国家，小到管理好一个单位，其实都很恰当。

儒家要求必须恪守基本道德，必须做到仁义、孝悌、忠信、友爱、宽厚、守礼、知耻、远罪，并成为这些方面的社会楷模。所以，士必须是"德盛"者。

而在具体要求上，儒家对人品定出了很高的标准，强调在"天下无道"时能"以身殉道"（《孟子·尽心上》）。而且，为了守道和行道还要耐得住穷困就显得更为重要，所谓："士君子不为贫穷怠乎道"（《荀子·修身》），讲的就是这个意思。

而儒家的祖师爷孔子也说："君子忧道不忧贫"（《论语·卫灵公》），意思是真正的士君子所担心的乃是道能否实现、落实，不受损害，而不是自身的贫穷。如果贪图安逸生活（"怀居"），以恶衣恶食为耻，便"不足为士"，成不了什么气候。

儒家的先贤不仅这样说，而且身体力行：比如孔子本人就说自己"饭疏食饮水，曲肱而枕之"，却觉得"乐亦在其中矣"（《论语·述而》）。

意思是自己日常吃淡饭，喝白开水，睡觉连枕头都没有，只是枕着自己的上臂骨入眠，依然能够乐在其中。

另外，孔子在七十二个徒弟当中，特别喜欢称赞颜回之贤，原因之一是因为颜回的生活简朴，耐得住贫寒，按照孔子的话说颜回是"一箪食，一瓢饮，在陋巷，人不堪其忧，回也不改其乐"（《论语·雍也》）。

换成现代汉语，就是颜回这个人吃饭不会摆上几样菜，只是一竹筒食物而已，渴了只是喝一瓢凉水，住在破破烂烂的小巷子里，依然能够其乐融融。

他们都是以道德理性的实现、满足为乐，而不在乎外部物质生活环境的优劣。这样的教诲与实例，对于现代社会众多的艰苦创业者来说，实在是很好的启示。

中国传统文化对于"满口仁义道德，一肚子男盗女娼"的伪道学非常鄙视，在古人看来，如果只会夸夸其谈而不实有其事、实有其德，是不能取信于人、取信于社会，从而失去完成重要使命的基础。

有句老话说"铁肩担道义"，意思就是说没有一副铁肩（自身硬）是担当不了道义的。

遍观历史人物，自古到今真正意义上的成功者其实都是"德高望重"的人，他们都能正确地处理公私、义利、理欲、苦乐、荣辱、生死关系，将天下国家置于一己之上，受到社会的景仰，因而不同程度地完成了守道、行道、卫道、弘道的责任、使命，成为社会的脊梁。

所以，一个人要想有所成就，继承中国文化这一优秀传统，加强自身的道德修养实在是非常重要的事情。

第五节

道德标准

要成为道德典范，当然离不开合理适当的道德标准。作为传承千年之文明古国，礼仪之邦，中国传统文化在这方面有着丰富的传承。

在《论语·子路》中就有这样的话："行己有耻，使于四方，不辱君命，可谓士矣。"

孔子这句话的意思是，一个人做事的时候要知道什么是礼义廉耻，也就是对自己的行为要有所约束，内心有坚定的、不妥协的做人标准；同时这个人也要对社会有用，就是你要为社会做事。

也就是说，一个人有了内心的良好修养以后，不可以每天只陶醉在自我世界，一定要出去为这个社会做事，你要忠于自己的使命，才可以成为士。

孔门弟子子贡听了这话，觉得这个标准定得太高了，就问老师，"敢问其次"？

意思是还有没有低一些的标准啊？

孔子回答："宗族称孝焉，乡党称弟焉。"

意思是如果一个人能让自己的宗族都称赞他孝敬父母，自己的街坊邻里都称赞他恭敬尊长，说明这个人能够从自身做起，把自己人伦的思想光芒放射出来，并得到周边人的认可，也是可以的，算是次一等的"士"。

子贡听了又有些刨根问底地接着问，"敢问其次"意思是还有没有更下一等的呢？

孔子回答说："言必信，行必果，然小人哉——抑亦可以为次矣。"

意思是如果一个人能够说话诚实讲信用，且行事风格坚定果决，说起来只能算是不问是非黑白只管自己贯彻言行的小人而已。不过，能做到这样的人也可以勉强算作再次一等的士吧。

很长的一段对话，但今天的中国人最熟悉的应该是"言必信，行必果"。

而且，人与人之间的"诚信"成为社会问题的今天，绝大多数人都会把这当成很能体现优秀领导风范的大优点，绝对想不到孔子心目中的小人已经具备了这样的素质。

这说明，当年孔子所说的这种"言必信，行必果"，答应别人的事情，不管用什么办法，也不管会有什么后果，也一定给做到的小人品行，今天已经是非常难能可贵的了。

从这个意义上说，重视中华文化的传承，对于提高中国当今社会整体道德素养，实在是非常必要的事情。

子贡对老师的标准了解之后，还想知道老师怎样运用其标准对人进行评判。

于是他又追问了一句，"今之从政者何如？"意思是说您觉得现在这些当政的人怎么样啊？

结果对于自贡的最后一个问题，孔子给出了这样的答案："噫！斗筲之人，何足算也？"

老先生先发出了一个很轻蔑的语音，后面的内容解释了轻蔑的原因——你提这些器量狭小的家伙干吗呀，咱们谈的这个话题他们哪能数得上呀。

子贡所说的"从政者"，在官本位的中国古代，应该是社会上最成功人士的群体。而这个群体在孔子眼中却是不值一提的。

孔子最后的一个回答，实在令绝大多数生活在当今这个信奉财富等于成功以致"土豪"遍地时代的中国人为自己未能继承自己民族曾经如此高尚的道德传统而无地自容，而孔子的答案所显示的风范，更值得今天的中国人认真地学习和思考，以提高我们全民族的道德素养。

第六节

道德守护

道德标准不是用来看的，而是作为社会规范要求人来遵守的。而要想成为道德典范，则不仅要遵守道德标准，自觉按照道德标准的要求行事，还要竭尽全力地维护道德标准。

先说遵守道德标准，自觉按照道德标准的要求行事。孔门弟子子张的一段话在这一点上很有启发："士见危致命，见得思义，祭思敬，丧思哀，其可矣。"（《论语·子张》）

子张的意思是：

士见到危难之时会为了道义献出自己的生命；

见到可得利益的时候会考虑是否符合道义；

祭祀的时候要恭敬有礼；

遇到丧事的时候应该表现出哀伤；

他这样做就可以了。

人类社会千变万化，事务巨细无数，子张这段话却仅仅举了四个行为作为例子，似乎不足以涵盖如何按道德标准的要求行事这个话题。

这样的看法不能说毫无道理，但如果换个角度，我们也可以说正因为事务巨细无数，我们的道德标准定得再多，也不可能涵盖人在社会中所有的行为，所以，子张的说法应该是要我们举一反三的理解，从根本上说，是要人在做任何事情的时候都做到行为态度得体恰当就好了。

今天社会的许多人对子张将"丧思哀"，也就是遇到丧事的时候应该表现出哀伤当作恪守道德标准的行为范例感到奇怪，这倒让人很容易回忆起发生在当代的那个著名的"表哥"事件：2012 年 8 月 26 日，在陕西延安发生特大车祸。然而，车祸现场照片中竟然有一名官员嬉皮笑脸，缺少

"丧思哀"的表情。

该官员由此引起全国网民的公愤，不仅查出该官员是时任陕西省安全生产监督管理局局长、党组书记的身份，更进一步从照片中该官员腕戴名表，腰系名牌皮带等细节，追查出其可能有贪腐行为的线索，并引起有关部门的高度重视，最终结果是这位因腕戴名表而获得"表哥"的官员被撤职查办，并因受贿、巨额财产数额超过600万元而获刑。

"表哥"获罪应该可以给我们这样的启示：不应把人类的道德规范看作相互没有关联的条条框框，而应将其视为一个统一的整体，一个对某一道德标准毫不在意的人，往往也在遵守其他道德规范方面有所欠缺。

而"表哥"本人因为"丧不思哀"而引发其"见得不思义"的罪行大白于天下，最终受到法律严惩的实例，实在值得所有人的关注与思考，而银铛入狱的"表哥"会在狱中对自己的过往做出怎样的反思与反省，相信此也是许多人感兴趣的话题。

说过遵守道德标准，就要说维护道德标准了。道德标准一旦成立，如果不能好好维护，就会被奸邪小人轻而易举地破坏，久而久之，就会因道德沦丧而导致社会整体的混乱。

在当今世界，类似这种情况的例子可以说举不胜举，因此，我们绝不能忽视如此严重的社会隐患。

在传统中国文化中，维护道德标准是"大义"之举，被视为比生命还重要的事情：

"志士仁人，无求生以害仁，有杀身以成仁。"（《论语·卫灵公》）

孔子这句话的意思是说："志士仁人决不为了自己活命而做出损害仁义的事情，而是宁可牺牲自己也要恪守仁义的原则。"

我们惯用"杀身成仁"这句话，就是出在《论语》这一篇，是孔子说的。

这个仁在这里我们不作解释了，从上论一直讲下来，都是说"仁"是孔门学问的中心，用现在的话来说，就是中心思想，所谓志士仁人无求生以害仁。

譬如有许多宗教家，有时碰到与他的信仰抵触的事，他宁可舍掉性命，所谓以身殉道。

为卫道而死的，宗教徒中特别多，历史上的忠臣孝子，也就是这个观念，宁可牺牲，绝不为了生命而妨碍了自己的中心思想或信仰，宁可杀身以成仁。

反面的意思，当然不会为了生命的安全，而去做违背仁义的事了。

这关系到个人的修养以及生命价值的看法。此处的"仁"作"有道德"解释，那么这句话就很好理解了。

凡有志气和有道德的人，有哪个是为了求生而失德的，只有以生命争取真理。

小人心中考虑的是自己，所以要抛弃道义保全自己的生命，志士仁人心中装的是道义，所以为了维护道义，宁愿舍弃自己的生命。

作为当代社会的一分子，作为一个渴望成功的人，在自己成长发展的道路上，愿意为维护自己所处社会的道德标准付出代价的大小，很大程度上决定这个人在成功路上能走多远。

第七节

大德无咎

开国领袖毛泽东曾经说过这样的话："一个人做点好事并不难，难的是一辈子只做好事，不做坏事……"

古人云"人孰无过"？意思是人怎么可能不犯错误呢？所以，毛泽东给共产党人定下的这个标准实际上超越了人类行为的极限，究其含义，作为辩证唯物主义大师的毛主席如此要求中国共产党人的目的，当然不是真的强迫大家完成这个不可能完成的任务，而是要共产党人能够自戒自警，尽量少做错事，多做好事。所以，他一直强调共产党人要多进行批评和自我批评。

正是由于共产党能够长期坚持做到这一点，才取得了远远超越前人的伟大成就。

毛主席所强调的批评与自我批评，就是教我们守护道德最实际的具体方法。而这样的方法从渊源上分析，则是对中国传统文化精华的传承：

《易经》在历史上被儒家尊为"六经"之首，为道家列为"三玄"之冠，在中华文化发展史上占有重要地位。

"无咎"是《易经》里最重要的思想闪光点之一，其原文是"君子终日乾乾，夕惕若，厉，无咎"。

用今天的话解释是人如果能做到时时刻刻警醒自我，就能免予过失。

如果对这段话的含义进行延伸解读，就应该理解为虽然我们人类做不到一点错误不犯，但只要时刻保持警惕和警醒，犯错误的概率就会因之变小，成功的概率就会因之变大。

这样的思想在《易经》对于无咎的定义中阐释得更加明显，"无咎者，善补过也"，意思是善于弥补自己过错的人就算是一个无咎的人了。

说明无咎绝不是要人不犯错误，而是要人敢于承认错误、纠正错误，不再重复错误。

通过解读以上内容，我们可以更清楚地理解古人所说的"咎"到底是什么意思了：咎不是"过错"的同义词，但与"过错"密切相关。

一个人犯了过错，如果能及时发现并予以纠正，就不会"得咎"，是"无咎"；但如果不予以纠正，那就是"得咎"了。因此，"咎"的真实意思是指因没有得到纠正而产生不良后果的过错才对。

所以，古人才有"人非圣贤，孰能无过"的说法，而古人所要求的，则是人们能够按照"无咎"的指引，善于察微补过，做一个无咎的人就很好了。结合对中国传统文化这样的解读再去看毛主席的上述言论，感觉就会透彻很多。

正因为古人认为"咎"是可以通过人自身的主观努力成功避免，所以

后世便传下了"咎由自取"这个成语，意思是说一个人如果遭受责备、惩处等不好的后果，应该不是因为他人的因素所导致，而全是因为自己不知道改过所造成的。

反过来理解，意思就是人归根结底有着主观能动性，只要切实注意到自己周边事物之间、事物发展运动过程中各个环节的相互关系，就能够及时消除瑕疵，弥补缺憾，使事物沿着正确而健康的轨道向前发展。

综上所述，中国传统文化的相关内容实实在在地教会我们应该如何守护道德，规范自己的行为，并警告我们如果不察细节，不补小过，自己的人生道路上就一定会存在隐患，而最终可能会败大局。

第八节
自强不息

明白无咎的道理已经有些难度，而真正要身体力行做到无咎则是难上加难。

连"毛主席语录"的相关内容都用上了"难"字。想说这件事情不难的，恐怕先得证明自己经历过的风浪比毛主席老人家一辈子还要大，克服过的困难比毛主席老人家还要多。

而这一点，纵观当今世界人物，实在是一个也找不出来。所以，必须承认要身体力行做到无咎真的很难。

中国传统文化中有许多关于如何解决这个难题的教诲。

首先孔子本人在这一点上就身体力行，自诩"吾日三省吾身"。

后来有人解释说孔子每天都要自我反省三次，甚至把比较现代的早中晚三餐的饮食习惯都用上了，绘声绘色地说孔子是早中晚各自我反省一次。

这是因为他们错误领会了古语中"三"的概念，实际上"三"这个字用在这里并不是一个确定的数字，而应该按照"多"这个字的基本意思理解才对。

这样，将孔子这句话理解为每天多次、数次或者不断反省就比较贴切了。

孔子为什么要每日里不厌其烦地"吾日三省吾身"呢？

孔子之所以这样做，是因为他认定只有经常反思，才能发现自己的不足，了解自身的问题所在，进而不断地提高自己，也就是相信只有自知才能自胜的道理。

这与成语"动辄得咎"有关系，对于"动辄得咎"的意思，清代李汝珍所写的小说《镜花缘》，在第七十八回写了这样一段："小厮因动辄得咎，只得说道：'请问主人：前引也不好，后随也不好，并行也不好，究竟怎样才好呢？'"

参照这段话的意思看，对"动辄得咎"可以这样解读：人生道路曲折而复杂，随时随地都可能因举动不当而可能导致不好的后果。

简单举个例子，比如现代社会一个人出门如果不自觉约束自己，很容易就会骑车在马路上逆行一段，或者步行者在等红灯时走下路基向往马路中间多挪几步，等等。

而孔子要求"吾日三省吾身"的目的，就是要自己避免"动辄得咎"。

"吾日三省吾身"乍听起来似乎也不是很难，事实上按这个方法混上一天、两天甚至一个星期可能大多数人都能做到的。难就难在坚持，而且要像毛主席说的那样坚持一辈子，而且是无时无刻都不能松懈地坚持一辈子。

一个人要真的坚持一辈子"吾日三省吾身"，说实话真的超出我们的毅力。

而现在要解释孔子为什么要以超人的毅力进行这样的坚持，则可以在被列为儒家"六经"之首的《易经》中这样一段话中找到答案："其道甚大，百物不废。惧以始终，其要无咎，此之谓易之道也。"

这话的意思是说天道内涵非常深广，万事百物都不偏废，对其发展自始至终保持警惧忧患心态，并以言行毫无过错为要旨。

对于崇尚"朝闻道,夕死可矣"(《论语·里仁》,意思是如果早晨能够得闻天道,当晚死了都值啊)的孔子来说,这应该就是坚持一辈子"吾日三省吾身"的源动力所在吧。

孔子在给弟子示范"吾日三省吾身"的同时,还进一步根据《易经》中"天行健,君子以自强不息"的论点,根据天道总结出守护道德的四大原则:

(1)仁:只管付出,不求回报。就像太阳一样,给予我们阳光、温暖,却从不要求我们回报什么。

(2)信:诚实守信。太阳每天都准时升起、准时落下。无论是在寒冷的冬天还是在炎炎的夏日,我们从不怀疑太阳会准时升起落下,太阳也从不失信于我们。

(3)刚:刚强不屈。太阳从不因狂风暴雨而退缩,也不因漫天大雪而止步。雨雪过后,太阳仍然会露出它温暖的笑脸。

(4)勤:勤奋不息。天上的太阳、月亮、星星等,每时每刻都在运动,从不停止它们的脚步。如果它们停止了运动,哪怕只是一分一秒,我们的生活就会陷入混乱。

归纳总结这四项原则的意思,就是告诉人们客观世界一样有规律地周而复始地运行,准确无误地守护道德,告诫人们要守护道德必须善始善终,力求"无咎"。

总之,在中国传统文化看来,只有这样具备了如天道般刚健且自强不息品格的人,才可能一辈子毫不松懈地守护道德,因而才可能在工作事业中无往不利。

第九节

以德处世

作为人类社会的行为规范,道德当然需要守护,而更重要的是付诸实践，这是因为，不能在社会中实践的道德规范，无异于空中楼阁，一点用处都没有。

处世以德，是中国传统文化特别强调的一点，也是"修身"最重要的环节之一。

像产生于西汉时代的《礼记》就有这样的一段文字："博学之，审问之，慎思之，明辨之，笃行之。"

概括这段话的意思，就是一定要博览多学，深刻领会，而且要付诸行动。

用现在的话说，学习的目的不是停留在"知"的阶段上，而是要在"知"的基础之上"行"，即去做、去实践，达到"学以致用"。

儒家在赋予士人守道、行道、卫道、弘道责任使命的同时，特别强调道德品质、理想人格的塑造。

孔子主张人应在人世间寻求与他人的契合，在求诸他人之时首先求诸自身：我是否做到了？以此感化世人，引导世人。

因此，在儒家看来，士人只有具备高尚的品质，才能承担起社会赋予的责任和使命；只有具备高尚的品质，才能获得社会的信任、景仰，从而产生实实在在的社会影响力。

显然，只会夸夸其谈而不实有其事、实有其德，是不能取信于人、取信于社会，而没有社会影响力的人，根本就不可能完成一个"士"的责任和使命。

那么，如何才能以德处世呢？

《易经》中的坤卦专门强调人所应该效仿的大地之道与大地之德："地势坤，君子以厚德载物。"

意思是说大地的道德柔软而且安顺，人若能效仿这种安顺，行善并且积累厚厚的功德，才能承受得起物质文明和精神文明方面的享受。所以，要享受得更多，首先就必须更多的积功累德，否则只怕会德与得不相搭配。

就处世以德而言，坤卦中为人处世之道的启示大概有以下几点：

（1）柔：做人要温柔，要谦和宽容，要能像大地那样，以自己宽广的胸怀，对万事万物无论美丑都予以包容。

（2）顺：做人应该懂得顺从，和顺。按照《易经》的说法，地顺从天。做人也要像大地服从天那样，懂得顺服。

（3）恭：做人要能够恭敬守本分，就像地恭敬天、尊重天那样，有甘愿为人下的气量。

"将相和"是中国历史上最受推崇的故事之一，而这个故事之所以能够得到如此推崇，最主要的原因就是故事中的蔺相如能够以"柔顺恭"的德行处理老将军廉颇对自己的敌对与侮辱，最终能够以德服人，使廉颇负荆请罪。

这样的情节中，蔺相如的行为可以说是超完美地诠释了《易经》坤卦处世以德的内容，为无数后人树立了以德处世的经典榜样形象。

而老将军廉颇表现出来的前倨后恭，也因为彰显出"柔顺恭"的巨大品格优势而同样得到后世的推崇。

根据儒家的进一步解读，"厚德载物"的意思还包括如果帮助别人要求回报，叫作交易；如果帮助别人不要求回报，就被称为有"德"。

如果有很多人得到你的帮助，而你都不求回报，那你的德就厚了，就可以称作德高望重了。

一个人如果德高望重，形形色色的社会回报就会纷至沓来，"载物"也就水到渠成。

据此，孔子在《大学》最后一段说："仁者以财发身，不仁者以身发财。"

这句话阐述了中国传统文化中最高境界的财富观，意思是：仁者利用财富达到自己的理想，不仁者以自己作为获取财富的工具。儒家用财富观衡量一个人是否具有"仁"的特性，并以此强调人应该驾驭财富，而不应反过来被财富所驾驭。

孔子提出"以财发身"和"以身发财"的观念，反映出两种完全对立的财富观。

"以财发身"其实体现了中国古人对待财富的认识和哲学上的思考。

利用财富完成人生的理想，财富的终极意义不是奢华的生活，它的终极意义是为实现一个人人生社会价值和实现人生意义的储备及工具。

"仁者以财发身"是儒家哲学中对待财富的认识论，是中国古人在人生意义上的哲学定位和定义。

有了这样的认识，我们就很容易找到范蠡得以被后世奉为"财神爷"的原因，因为范蠡一生的所作所为，说明他是儒家最典型的践行"以财发身"的古代商人。

综上所述，"厚德载物"，德可润身，是中国传统文化为我们后人留下的优秀处世模板。

孔子提出的"仁者以财发身"财富观，更是对世世代代的中国人影响深远，中国历史上无数成功之士都不仅把它作为修身的标准，行动上也在践行这个理念。

从这个意义上说，"君子爱财，取之有道"理应成为生活在鼓励"一部分人先富起来"并且正走在"小康"道路上的中国社会的所有分子都继承奉行且发扬光大的处世之德。

第十节

五常修身

"五常"是"士"所必备的五德，这五德其实我们都很熟悉，就是：仁、义、礼、智、信，是中国传统文化以德处世的五项基本原则。

"仁"之所以列在第一位，很重要的原因是因为孔子思想的核心是"仁"，也就是说，要成为"士"，首先必须是一个"仁者"。而孔子对仁者的具体要求，体现在人际关系上，就要做到"仁者，爱人"。

这话虽然是古文，但流传甚广而且通俗易懂，不必做任何解释就能明白。

体现在学习态度上要做到"不耻下问"，这话也同样无须解释，不过说起来容易，真正做起来其实挺有难度。

体现在事务处理上要做到"临事以庄"，意思是除了普通的尽心竭力一类要求之外，还要表现出庄重得体，让人不能不重视处理结果。

总之，作为仁者，必须有仁爱之心，有恻隐之心，发挥老吾老幼吾幼之怀抱（对遇到的老人要像对自家的长辈一样，对遇到的孩子要像对自家儿女一样），时时为他人着想，而不单单为自己着想，还要能够推己及人，做到己所不欲。勿施于人，以利己利人。

义的要求作为"士"是处事必须得宜和合理。

对于得宜的要求是所谓"义者，宜也"，要求"士"处理事情不死守教条，能够因时制宜、因地制宜、因人制宜。而合理则是说事情当做就做，不该做就不做。

儒家谈义，特别要求人们在遇到能够得到财富的时候，一定要想到得到这笔财富是否合"义"，坚决不滥取不义之财。

在《论语·里仁》中，记载了孔子专门对此的言论："君子喻於义，小人喻於利，不义而富且贵，於我如浮云。"

意思是说君子重视义，小人才重视利，如果是从不义处得来的富贵，对我来说像天上的浮云般毫无意义。

更进一步说，对义的要求还包括能舍弃自身利益助人为乐，特别主张在别人有难时帮人一把。

对于礼的理解，古代解释为：礼，体也，得其事证也，人事之仪则也。进退周旋得其体，乃是正人身之法也。

用现在的话说，礼是识大体，说话一定要识大体。礼应该是与人相处时必须遵守的规范，守礼就能在应对任何人际关系时都表现得体，总之礼是让人举止得当的规则。

在对他人的态度方面，礼特别注重发为恭敬之心，斋庄中正之态。

所谓"发为恭敬之心"就是做人要发自内心的谦恭，所谓敬人即为礼。

因而强调礼之精要在于"曲"，曲的意思在这里是弯，要求守礼的"士"在人前要像结满谷物的谷穗那样经常弯腰，由于自己弯腰则显得别人高，就能让他人感受到自己对他有礼。

"鞠躬"作为对他人的礼貌，表示在中国从古代一直传承至今天，如果要寻源头的话，应该就在这里了。

而"斋庄中正之态"则是强调行为举止必须端正庄重，不仅要求外表上头发整齐、衣服端庄、仪态庄严，而且要求内心，包括眼、耳、鼻、舌、身、意等也要表现出庄重。

换句话说，作为"士"，必须能做到内心全无杂念，庄重且自持。

最后，在规范人的行为方面，"礼"特别强调要明辨是非，处事有规，要求做到尊卑长幼有序，淫乱不犯，不败人伦，以正为本等。

智就是智慧，古代的解释是"知道日常的东西也"，也就是说如果能把平时生活中的方方面面琢磨透了，就叫智。

这样的要求似乎很简单，其实在具体实施的要求方面完全不是那么回事。

如果看对于"智"的进一步解释，就会发现所谓的"知道日常的东西也"，其实包括若干层次：

首先，智者，知也，无所不知也。这有多难，不用多说就能明白了吧？

其次，智明白是非、曲直、邪正、真妄，即人发为是非之心，文理密察，是为智也。这个要求就是在"无所不知"的基础之上，还要有对任何事物的相关是非曲直都能在不遗漏任何细节的情况下做出正确的判断。放在当今社会，即使是对首席大法官的要求，也不会比这更高了吧？

最后，用今天的话说就是能够把握世界普遍联系的客观规律，并能够根据把握的规律从周边世界的细小变化中知晓整个世界因之产生的变化，这简直达到了古今中外所有哲学大家们梦寐以求的境界了。观一叶而知秋，道不远人即为此。

信的意思是诚信。信者，人言也，说信由"人"和"言"两个字组成。

由于远古时代没有纸和文字，人与人之间信息的传达方式只能靠人传话，由于当时的人都非常纯真实在，故而人言都是真实可靠的。

所以，信的意思就是言无反复、诚实不欺的意思。在中国传统文化看来，这理应成为"士"处世的基本行为准则。

儒家虽然讲求仁、义、礼、智、信，但由于"信"的要求如上面解释的那样只需远古时代朴实的民风即可实现，因而并没有得到特别的推崇，孔子甚至曾把"言必信，行必果"降低到小人的行为标准。

大概是受到孔子的影响，作为亚圣的孟子在相关论述中，干脆将"信"予以忽略，只阐述了仁义礼智的入门途径："恻隐之心，仁之端也；羞恶之心，义之端也；辞让之心，礼之端也；是非之心，智之端也。"（《孟子·公孙丑上》）

孟子的上述言论，被后人称为"四端"，意思是说：仁要从对他人遭遇的不幸生起恻隐之心做起；义要从对自己做出不合宜、不合理的事感到羞愧，对别人犯这样的错误感到厌恶做起；礼要从能够懂得辞让做起；智要从能够明辨是非做起。

明白了"五常"的道理，按照孟子指点的途径做好入门功夫，我们对如何以德处世的法门就算有所了解了，对于中国传统文化的"修身"也算有了初步的"知"。

第二章

齐家篇

第一节

欲治其国者　先齐其家

在中国传统文化中，作为社会精英的"士"，有着"治国平天下"的使命。

孔子认为，"齐家"应该是"士"承担"治国平天下"的先决条件。

《礼记·大学》用近乎烦琐的语言，详细解释了修身、齐家、治国、平天下之间相互依存、相互联系的辩证关系："古之欲明明德于天下者，先治其国；欲治其国者，先齐其家；欲齐其家者，先修其身；欲修其身者，先正其心；欲正其心者，先诚其意；欲诚其意者，先致其知，致知在格物。物格而后知至，知至而后意诚，意诚而后心正，心正而后身修，身修而后家齐，家齐而后国治，国治而后天下平。"

意思大概是说"士"应该通过降低自己的欲望，减少自己的贪念，以让自己头脑清醒，是非曲直分明。正念分明后就要努力在待人处事的各方面做到真诚，努力断恶修善，久而久之自己的修养就多起来，有智慧了。

这时就可以把自己的家庭经营好了。把自己家庭的经营好了的人也一定可以把国家治理好。一个能把自己国家治理好的人，一定能让世界充满和谐，天下太平。

孔子为什么把"齐家"认定为"治国平天下"的先决条件呢？要说清楚这一点，必须从"修身"的目的谈起：对于"士"来说，修身的目的首先是丰富完善自身的人格，并且，由于"士"身负"治国平天下"的使命，丰富完善自身人格当然不可能为了避居深山去当逍遥自在的隐士，而是为了能够以德处世，给社会以社会精英应有的贡献。

因此，当一个有志于"士"的人对修身的道理有了一定的了解，开始入门之后，还要培养将修身成果落实到一言一行的能力，只有这样，修身才有意义。

那么，如何培养将修身成果落实到一言一行的能力呢？儒家认为以自己的家作为这个培训的起始环境最为合适。

这是因为，在儒家看来，家庭是国家的缩影，"士"在未来"治国平天下"的过程中所可能遭遇到并必须处理好的各种社会关系，不管多么复杂，都能在家庭中找到类似的关系。

比如说，家庭中与长辈相处，类似于在社会上与上级乃至君主相处；与晚辈相处则类似于与下级和"子民"相处；兄弟姐妹之间的关系像极了"平级"关系，可以竞争也可以合作；而夫妻的相处之道，毫无疑问应该像是合作伙伴间的相处。如果进一步细分，还可以把直系长辈视为直属上司，而其他大姑大姨大叔老舅等，可以比作兄弟单位的上级领导……

另外，选择家庭作为"士"培养自己将修身成果落实到一言一行的能力的初期环境，还有一个重要的原因是在家庭成员之间的关系纽带不是血缘关系就是姻缘关系，就算是拎不清，基本上也剪不断。

这就意味着，在"齐家"的过程中，即使在一些关系的处理上出现失误，由于相互间存在血缘姻缘等特殊关系，如俗话所说的"断了骨头连着筋"，很难发生老死不相往来的程度，也就是说即使犯了错误，后果一般不会像与外人相处时犯同样错误那样，严重到无法挽回的地步，连修正错误的机会都没有。

"齐家"正是由于家庭有着社会缩影的特征，所以"士"可以通过"齐家"的锻炼之后，就可以像科学实验室中经过反复试验后完成的优秀科技成果一样，正式投产使用。

也可以说，如同一个在家庭小舞台上获得足够演出经验的优秀演员一样，为登上社会大舞台积累足够的成功经验。

通过以上分析，可以看出"齐家"对于完善与成就社会精英的综合素质实在是有着不可替代的重要意义。所以，"齐家"在中国传统文化中受到高度重视，真是大有道理。

第二节

家和万事兴

家和万事兴的意思比较明白，不用多说了。家和万事兴的道理相信中国人也听得很多了，基本上就是一家人能够相亲相爱，其乐融融，保持好家庭稳定，就像房子的地基，地基稳，房子才能经历风雨，才能为你遮风挡雨。

家庭成员就能不因家事分心，有心思、有精力、有信心去做其他的事。家和了，其余的困难、问题都已经无所谓了。

总之，有了和睦的家，人就比较容易信心满满地实现理想，去迎接生活的挑战，取得事业成功。如果家庭不和睦，等于像俗话说的那样"后院起火"，精力全扑在"救火"上了，哪还顾得上事业啊。"家和万事兴"说的就是这个道理，而中国传统文化如此重视"齐家"，原因也正在于此。

"齐家"的道理明白了，那么，"士"应该如何"齐家"呢？

"身修则家齐！"孔子给出的这个大前提已经讨论过了，不用多说。

重要的是修身的成果用在处理家庭关系上，不能走样。对于这一点，《礼记·大学》有这样的言论："所谓齐其家在修其身者：人之其所亲爱而辟焉，之其所贱恶而辟焉，之其所畏敬而辟焉，之其所哀矜而辟焉，之其所敖惰而辟焉。故好而知其恶，恶而知其美者，天下鲜矣！故谚有之曰：'人莫知其子之恶，莫知其苗之硕。'此谓身不修不可以齐其家。"

这段话的意思用今天的话说，就是要大家明白齐家是基于修身，因为普通人总是对于自己所喜欢的人偏爱，对于自己所讨厌的人往往会偏嫌恶，对于自己所敬畏的人往往会偏尊重，人们对于自己所同情的人往往会偏袒，人们对于自己所轻视的人往往会偏藐视。所以，能够喜欢一个人而知道他的缺点，讨厌一个人而了解他的长处，这样的品质天下少有啊。

我们用了这么多个"偏"字解释这番话，其实自己也觉得别扭，但由于不使用这个"偏"字很难精确诠释原文当中的"辟"字所包含的偏颇的意思。

总的来说，这段话的意思说出了我们人类的一个通病，就是看人看事的时候没有什么理性，而是被贪爱、贱恶、畏敬、哀矜、敖惰等情感因素所左右，以自己个人印象的好恶决定对其他人的态度，并因为这种失于偏颇的态度，使得我们在判断别人优缺点时出现偏颇。

而我们人类这样的通病，正是"齐家"的大忌，因为这些主观上的偏颇，完全违背了道德的基本准则，会直接影响到与家庭成员相处时应有的公正、公平，从而引发各种家庭矛盾和纠纷，破坏家庭的和睦。

例如，如果一个家庭中有两个孩子，其中一个活泼可爱，另一个比较沉闷，那么父母往往就会对活泼可爱的孩子溺爱，而让另一个孩子受冷落。

这种我们通常称为偏心眼的行为直接结果是令受到冷落的孩子方方面面都感受到不公平，无论是父母与孩子之间的关系，还是孩子们之间的关系，都会因此产生矛盾，并且这些矛盾往往会随着孩子年龄的增长而不可避免地加剧，以致最终导致令父母追悔莫及的可怕后果。

像这种例子古今中外出现过很多，相信每个人都能讲出几个这样的故事来。

再比如夫妻关系，如果只挑剔对方的毛病而看不到自己的问题，只顾及自己的情绪不考虑对方的感受，时间长了必然会给对方留下自私自利的印象，即使一时隐忍不发，但夫妻之间矛盾的隐患已经存在，一旦爆发往往就不可挽回。

除了上述两个因偏颇而处理自己小家庭关系不当导致的家庭关系问题之外，还有许多因偏颇处理兄弟姐妹之间关系乃至更大范围家庭关系导致矛盾的实例，这里不一一列举了。

总之，如果有志于成为"治国平天下"社会精英的人处理家庭关系时犯了如上所说的大忌，把自己的家庭搞得一塌糊涂，按照中国传统文化的观点，就是"齐家"和"以德处世"的大失败者，绝对是无缘"士"的前途了。

正是由于看清楚了失于偏颇这个人类的通病，以及这个通病对"齐家"的负作用，中国传统文化对如何克服这类通病给出了非常直接而又明确的药方——"孝、悌、慈"。

关于"孝、悌、慈"含义，著名思想家墨子在其《兼爱》中有这样的文字："……为人父必慈，为人子必孝，为人兄必友，为人弟必悌……"意思是说做人父的必须慈爱，做人子的必须孝敬，做人兄的必须友爱其弟，做人弟的必须敬顺兄长。

墨子的这几句话把"孝、悌、慈"三个字都涵盖了，并在其后将这几条标准奉为圣世王朝的大道德，能够体现芸芸万民最大的利益。

墨子所提到的"为人兄必友"之所以被忽略，原因之一是大家都认为由于兄弟之间、夫妻之间是平辈的关系，所以他们之间的关系实际上都可以包含在所说的"悌"之中。

一个"悌"字已经足以表达兄弟甚至夫妻之间的相处之道了，没有必要多做重复。

而更重要的原因是因为古人给个人在家庭中角色进行了三个基本定位：

一是作为晚辈的子女，二是作为平辈的兄弟姐妹或夫妻，三是作为长辈的父母。

"孝、悌、慈"三个字正好方便对应这三种角色，若是加上一个"友"字，反倒不好处理了。

由此，我们对"孝、悌、慈"就应该这样进行解读：如果自己是晚辈的角色，就应当用"孝"的心态与父母相处；如果自己是平辈的角色，就应当用"悌"的心态与兄弟姐妹或配偶相处；如果自己是长辈的角色，就应当用"慈"的心态与子女相处。"孝、悌、慈"的要求，实际上就是要求人能够在家庭中恰如其分地担当好所有的角色。

因此，我们可以说"孝、悌、慈"是中国传统文化对"士"在"齐家"时与家人相处的三项基本原则。

如果对这三项基本原则进行归纳，可以发现：所谓"孝"，是指子女对父母的仁爱；所谓"悌"，是对兄弟姐妹之间的仁爱，或配偶之间的仁爱；所谓"慈"，是指父母对子女的仁爱。

所以，"孝、悌、慈"这三者本质上都是仁爱，只不过表现于家庭中的不同角色而已。

因此，这三项基本原则说到底是儒家传统文化修身"五常"当中最受看重的"仁"在家庭关系中的具体反映。

基于这三项基本原则，古人又进一步将代表良好的家庭关系的"家和"的标准进行了总结，也就是大家比较熟悉的"父慈、子孝、兄友、弟恭、夫义、妇顺"。

意思是：父母要用慈心对待子女，子女要用孝心对待父母，兄长要对弟弟友爱，弟弟要对兄长恭敬，丈夫要对妻子忠诚，妻子要对丈夫柔顺。不用多说，看了这几个字就能在意念中描绘出一个无比和睦的家庭了。

最后，不妨用孔子《论语·学而》话总结一下"家和"与"万事兴"之间的关联："其为人也孝弟（同"悌"），而好犯上者，鲜矣；不好犯上，而好作乱者，未之有也。君子务本，本立而道生。孝弟（同"悌"）也者，其为仁之本与!"

这句话的意思是,如果一个人在家为人孝悌,而在外触犯上级的情况,是很少的;不触犯上级,却给他人带来混乱与灾难的情况,也是没有的。君子之人善于从因求果,因具备了,果自然就会得到。孝悌实际上是仁爱心的因啊!

从孔子的这段话中可以看出,中国传统文化中"齐家"的目的,就在于充分认识到能够使家庭和睦的人与能够使社会兴旺的人有着几乎无差别的共性,"家和"的重要成就是以潜在的方式为社会培育出优秀成员,因而,更多的"家和"也就意味着更多优秀社会成员的产生,一个社会当中优秀成员多了,又怎么可能不"万事兴"呢?

"家和"如此重要,"齐家"作为"士"的必修课实在是理所当然啊。

第三节

娶妻当娶贤(上)

中国传统文化中"士"选择配偶的标准,历来都是娶妻当娶贤。这是因为,娶妻不贤,后果很严重。对这个问题,先不讲大道理,看实例就会很有说服力:

演艺界明星钟镇涛,20世纪七八十年代应该很红,家喻户晓。

1988年1月18日,正当红的钟镇涛与富家女章小蕙闪电结婚,婚礼轰动一时。

章小蕙不仅出身豪门,而且还是当时演艺圈出名的美女,出演几部电影都是形象性感迷人,与英俊潇洒的钟镇涛站在一起,两个人看上去郎才女貌,非常登对。

钟镇涛娶到这样的妻子,自然珍惜之中夹杂着得意,婚后钟镇涛立即购下一座豪宅,决心让娇妻能为嫁得自己这个有情郎心满意足。

关于章小蕙婚后的表现有许多负面的八卦新闻，钟镇涛本人对这些八卦没有什么说法，我们不必过多理会。

不管怎么说，章小蕙先后为钟镇涛生下了一儿一女，两个人的婚姻也算太平。

但章小蕙有一个毛病让钟镇涛感觉难受：这个女人购物欲极其强烈，比较专业的说法就是章小蕙有购物癖的心理问题，花起钱来如流水不说，而且尽买些昂贵且没用的东西。

据钟镇涛后来接受媒体访问时提及章小蕙这个毛病，表示章小蕙购物成癖却是让他感觉非常不爽，但为了家庭与孩子，他对此一忍再忍。

但钟镇涛的一味忍让，章小蕙毫无感觉，甚至在后来钟镇涛因投资房地产失败、欠下 2.5 亿港元巨额债务之后，章小蕙购买奢侈品瘾头仍丝毫不减。这对当时自感身临绝境的钟镇涛来说，不啻雪上加霜，超越了忍耐极限。

于是，随着 1997 年钟镇涛宣布破产，两人的婚姻也自然而然地走到尽头。

就在钟镇涛背负着巨额债务离婚，成为名副其实的"大负翁"之时，一个名叫范姜的女子走进他的生活。

除了在感情上支持他外，范姜还主动分担了钟镇涛将近一半的债务……

钟镇涛债务如山压死人，但他的红颜知己范姜对此从来没有真正在意，而是与钟镇涛患难与共，把钟镇涛的债务当作双方共同的困难积极应对。

颇有商业头脑的她，看准商机在北京三里屯开了家专售明星用过的二手服装和首饰店，趁大多数中国大陆经商者尚未意识到这一商机时，开辟了一条对大陆"星粉"极富吸引力的娱乐衍生产业新途径，一时间生意兴隆，赚得银钵满满，最终与钟镇涛合力还清了他欠下的所有债务。

对钟镇涛真真做到了"你若不离不弃，我必生死相依"。值得一提的是，虽然两人在共同奋斗期间已经育有两女，却一直没有结婚。

对范姜而言，觉得两情相悦，婚姻于他们来说只是个形式而已，但对钟镇涛来说，更主要的原因是觉得自己一直没有能力办一个配得上这位红颜知己的盛大婚礼。

等到债务还清，两人终于步入婚姻殿堂的时候，他们的爱情长跑已经有十七年之久，而此时曾经的当红小生钟镇涛已经是六十一岁的老人了，而在长跑开始时风华正茂的范姜也已经过了不惑之年。

中国有句老话：夫妻本是同林鸟，大难临头各自飞。由此可见，连夫妻名分都没有却要陪着巨债缠身的伴侣坚持十七年的长跑是多么不容易的事情。

在钟镇涛的故事里，我们看到了一个由爱情、金钱、名利等编织起来的起伏跌宕的人生，其中前后两任妻子的愚贤差别形成的对比可以说是无比鲜明。

而故事中钟镇涛因娶妻不贤而跌入人生最低谷，却又在低谷中从"患难逢知己"到患难见真情，最后终于迎来人生第二个春天的情节。

更可以说是中国古代出自《易经》文化名言"否极泰来"的直接见证。

钟镇涛其人是否算得上真正的社会精英不太容易界定，但钟镇涛的人生故事中娶妻贤与不贤对他人生影响的反差之巨大，却对当代人能够准确理解中国传统文化倡导"娶妻当娶贤"，绝对大有助益。

第四节

娶妻当娶贤（下）

在钟镇涛的故事中，堪称现代社会贤妻表率的范姜，为我们展示了娶妻当娶贤对完善一个人的生命旅程多么重要。

而另一个古代的实例，却可以证明如果作为社会精英的"士"能够娶到贤妻，幸运的将不只限于自己的家庭，而会大有助于整个国家，惠及四

方百姓。

在这个实例中，我们的女主角是位貌不惊人的女士，名字在现代人看来恐怕也可能是俗不可耐，叫作黄月英。

对于黄月英这个人物，即使见到过名字恐怕也是很少有人还有印象，但如果提起她丈夫的名字，则所有中国人都会如雷贯耳，因为，她大名鼎鼎的丈夫在中国脍炙人口，妇孺皆知，中国古代四大名著之首《三国演义》人物榜中位列第一的诸葛亮。

关于诸葛亮娶黄月英的事情，有记载的史书应该不止一部，以下文字是《襄阳记》里面的记述："黄承彦者，高爽开列，为沔南名士，谓诸葛孔明曰：'闻君择妇；身有丑女，黄头黑色，而才堪相配。'孔明许，即载送之。时人以为笑乐，乡里为之谚曰：'莫作孔明择妇，正得阿承丑女。'"

这段记载用现在的话说就是：黄承彦是与高爽开列的沔南名士，他对尚居隆中的诸葛亮说："我听说你正在挑选老婆。我女儿长得不咋样，生得头发像干草皮肤又黑，不过，她的才智和品德是可与你相匹配的。"

结果诸葛亮一听答应了，马上把黄月英迎娶过来。当时的人都把这件事当作笑话，乡间有句谚语说："可不敢学诸葛亮娶媳妇，会引来黄承彦家那个丑闺女。"

论才华，诸葛亮冠绝一时，不用我们多说；但是相貌如何呢？根据《三国演义》第三十八回论述的刘备第一眼看到诸葛亮时的描写："身长八尺，面如冠玉，头戴纶巾，身披鹤氅，飘飘然有神仙之概。"

用现在的话说就是要个头有个头，要模样有模样，衣着雅致飘逸脱俗，一看就不是凡人。

明明是个形象出众的小伙儿，而且绝对不是一般帅哥比得了的。这么个漂亮小伙儿却娶了个当地出名的丑女，难怪周边人都无法理解。

据说，诸葛亮答应娶黄月英的实际过程，并不像《襄阳记》记载的这么简单。

据后人考证，诸葛亮的老婆黄月英，乃东汉末年襄阳（今湖北襄阳）

名士黄承彦之女。

汉末年间，董卓作乱，战祸频生，不少志士贤达常隐居山林以观时变。

黄承彦正是在这种隐居生活时，结识了向他问学求教的诸葛亮。黄先生常在诸葛亮的茅庐一起谈诗论文，总能窥见诸葛亮心怀高节、"等待天时"的大志。

如此一来，他便有意把女儿嫁给年轻的俊后生诸葛亮。但他女儿生得丑陋，他又难以启齿。

于是，他便邀约诸葛亮到自己家中聚会，让诸葛亮能对自己女儿的才德有所认识。

因为他确信自己的女儿虽然生得不漂亮，与诸葛亮难相匹配，但女儿才华出众，与诸葛亮可说是"堪相配"的。

果不其然，有了几次的接触与交谈，诸葛亮便为黄月英超凡的才智所慑服，其洞察天下大事以及深明大义的风范则在妇女中是鲜有所见的。

黄先生见时机成熟，就说了《襄阳记》记载的那番话，而诸葛亮由于已经了解黄月英，所以欣然同意。于是，黄家择日用车将女儿送到隆中诸葛亮的茅庐。

所以，诸葛亮答应迎娶黄月英其实因为此前已经有了先入为主的印象，这个印象就是黄月英"贤"。

由此看来，黄承彦在向诸葛亮提亲的时候说黄月英"而才堪相配"根本就是多余的。

长相丑陋，可是才华卓绝的黄月英，嫁给诸葛亮后，处处表现出才智超人，贤淑堪羡，与丈夫夫唱妇随，琴瑟和谐。她的才德贤淑，对诸葛亮日后取得的成功起到了至关重要的积极推动作用。

当时的中国，正值汉末最动乱的年代，摆在当时中国知识分子面前的，只有"隐"或"仕"两条出路。

与诸葛亮交往密切的朋友当中，除了比较功名心切的朋友徐庶看准刘备最需要谋士的时机跑去当军师之外，其他朋友如崔州平、石广元、孟公

威以及应该年长一辈能当诸葛亮老师的司马徽和他的岳父黄承彦等人，都倾向于隐居山野。

受这些朋友的影响，诸葛亮说出了这样的话："久乐耕锄，懒于应世。"

意思是说庄稼活干久了已经乐在其中，懒得再到外面的世界混了。

这话听起来诸葛亮是断了出"仕"的念头，立意要选择"隐"了。

可他的另一番话意思却完全相反："年与时驰，意与日去，遂成枯落，多不接世，悲守穷庐，将复何及！"

这话说白了就是觉得自己年纪越来越大，意志一天天消沉，老不接触外面的世界，就这么悲催地守着这破草房混，这可不是个事儿啊。

如此看来，当时的诸葛亮即使没完全放弃"隐"的念头，也是一直处在两难的矛盾选择之中犹豫不决。

在这种情况下，黄月英将诸葛亮的上述两句话进行了对比，分析出丈夫从根本上说不愿意将自己的才华浪掷于地头田间，于是对丈夫表明了极力赞同他出仕救国的态度，并通过引用上述诸葛亮本人的第二段话，说服诸葛亮最终选择走出"卧龙岗"，出山帮助事业处在狼狈不堪最低谷时跑来三顾茅庐的刘备翻身，超越无数当世豪强创下三分天下得其一的偌大基业。

可以说，如果没有黄月英对诸葛亮出仕所起到的极大推动作用，中国汉末以后的历史很可能都要改写了。

如果按中国传统文化"士"的标准评判，诸葛亮当时面临的"隐"或者"仕"的选择，实际上就是在接受或者放弃"士"所应承担的"治国平天下"使命之间做出选择。

由于黄月英的鼓励，诸葛亮下定了选择接受这一使命的决心，慨然接受了刘备的请求，联吴破曹，取益州，建蜀汉。

刘备死后，托孤于他，不仅建功立业，而且名垂千古。

黄月英的这一作为，已经足以让她成为"贤妻"的样板了。

而在后来的岁月里，才智和品德堪与诸葛亮相匹配的黄月英，又给了诸葛亮事业上更多的帮助。

首先，她心胸开阔，深明大义，使政务军务繁忙的丈夫能够免予家事拖累，工作起来能够集中精力毫无后顾之忧。

按照"军功章里有我的一半也有你的一半"这样的逻辑，诸葛亮建蜀治蜀的巨大成功也应该有黄月英一半的功劳。

其次，诸葛亮虽然出仕之后生活条件很快就有了极大改善，他和黄月英一直保持着当年"躬耕于南阳"时的习惯，直到最后诸葛亮在蜀汉当上了丞相，黄月英还俭朴节约、廉洁奉公，过着与寻常百姓无异的生活。

黄月英的勤俭持家使知道的人无不为之感动，因此她的事迹也在蜀国迅速流传，以至于蜀地百姓一时间"人怀自励"，官员们皆"躬率以俭，恶衣蔬食"，"出不从车骑，无异凡人"。

也就是说，整个蜀国从民间到官场，全都在效仿俭朴节约、廉洁奉公的诸葛家风。

不用政府大力倡导就能成就如此完美的社会风气，榜样的力量是无穷的。

而黄月英这位"贤妻"，也因此在施政方面既给国家解决了大问题，也给丈夫的工作减去了极大的压力。

难得的是，黄月英不仅在政治方面能够对丈夫有所帮助，军事方面也同样能够出力。

在三国时期蜀国与魏国的对抗当中，蜀国曾经六次北伐，两出祁山。

由于蜀中多山，用兵时的后勤保障成了大问题。当时运送军需物资主要靠马匹牲畜，但牲畜运输途中要吃草料，而草料本身也需要通过牲畜运输，而且牲畜还会出现伤病等状况，这在相当程度上消耗了运力。

面对这样的情况，诸葛亮就命人按他所设计的图纸制造"木牛流马"。

对运力毫无消耗的"木牛流马"组成的机械化运输队，在诸葛亮再次出祁山大战司马懿时，发挥了神奇的作用。

而这木牛流马的设计原理，实际上出自诸葛亮的夫人黄月英。还是在诸葛亮夫妇出仕之前居住隆中时，一天，有贵客来访，诸葛亮便嘱咐夫人梳妆打扮一番好去会见客人。

不一会儿工夫，夫人便打扮得焕然一新。诸葛亮吃惊不小，奇怪她化妆的神速。

待客人走后，诸葛亮就十分好奇地偷偷跟在夫人身后去看她怎样卸妆。谁知一进后室，便被眼前的奇异景象惊呆了。

原来，后室中除了许多面具挂在那里外，还有几个木制的佣人正在那里推磨斫麦。一问才知这些木人和面具全是心灵手巧的夫人制作的。

诸葛亮佩服得五体投地，"遂拜其妻"，求她教自己这门技术，后仿效其原理制成木牛流马。

另外，据说黄月英在用兵的谋略方面也给过诸葛亮很多帮助。

看过以上例子，谁还敢把诸葛亮选择出了名的丑女黄月英为妻当笑话。正是"娶妻当娶贤"，娶贤当如黄月英！

第五节

继世与传家

中国有个说法叫作"富不过三代"。

从原因上解释这个说法，就是有钱人家往往觉得自己的产业几辈子都用不完，因而忽视对自家子女的教育，结果孩子由于自小娇生惯养，颐指气使惯了，长大后依然以为全世界都围着自己转是自然不过的事情。殊不知，除了自家父母佣人之外，外人可不会对自己一味迁就。

因而，由于对社会生存法则毫无经验，凡是由着自己性子来，开始由于家道殷实，即使惹出麻烦也可以"破财消灾"，用钱解决问题。

而娇生惯养又使得他们根本不知这些给自己消灾的钱其实来之不易，所以消灾之后会一如既往，根本不当回事，成为一个除了败家什么都不会的"废物"。

前面提到的钟镇涛第一任妻子章小蕙，除了由于容颜姣好能在演艺圈里混之外，其在生活中的表现绝对是个典型的败家女。自己成了败家子，对孩子的教育怎么可能好得了？

所以，凡是这样的家庭总是会一代不如一代。

这种情况延续下去，老辈挣下再大的家业也禁不起这么折腾，家道自然是大富变小富，小富变小康……直到吃尽当光。由于历史上这样的过程大多数是在三代以内就完成了，所以古人就把这个过程定为"三代"。

"富不过三代"的说法，同样能被现代社会的实际情况所验证：统计显示，2013 年福布斯全球富豪榜评选，榜上有名的超过两千人。

其中，靠继承家产上榜的富二代只占 1/4 左右，而富三代以上的加起来一共仅有 22 人。

这个统计结果说明，现代社会中以富贵传家的从第二代开始，能够保持住家族产业原有财富地位的只占很少的少数。

而在当今的中国，2014 年 7 月 8 日举办的"家族企业财富保全与传承论坛"上，中国中小企业协会常务副会长张竞强公布了一组数据，说明我国家族企业的平均寿命只有 24 年，只有不到 30% 的家族企业能够传承到第二代，能进入第三代的则不到 10%，第四代的只有大约 4%。

这组数据也同样能够验证"富不过三代"的真理性。

"富不过三代"的说法，源自中国传统文化中这样一段警世之言："道德传家，十代以上，耕读传家次之，诗书传家又次之，富贵传家，不过三代。"

而这段警世之言，又是从《战国策·触詟说赵太后》中的"君子之泽，三世而斩"。

大名鼎鼎的亚圣孟子也曾有过类似的议论："君子之泽，五世而斩。"

除了比《触詟说赵太后》多了两世之外，遣词造句完全一样。由于儒家思想在中国传统文化中所具有的特殊地位，以及孟子本人在儒家传承中所具有的特殊地位，因而后世多将孟子的"君子之泽，五世而斩"当作"富不过三代"这一说法的源头。

无论"三世而斩",还是"五世而斩",说的其实都是一个意思,就是说即便是有道君子建立的基业,遗留给自己的后世子孙经过几代人之后,就会(被斩)断了。

而根据这句话演变出来的警世之言,又对这句话的"泽"进行了具体分类,并根据各个类别泽被后人的时间长短进行了认真的排列。

其中,道德传家是最久远的,也就意味着中国传统文化中,道德被认为是能使子孙受益最久的"传家之宝"。

直到中华人民共和国成立以后,人们过年时还能看到许多大门上贴着这样的门联:诗书继世长,忠厚传家久。

说的就是将道德以及诗书传给后人对延续家族兴旺的重要性。从道理上分析这样的说法,一个家族的兴旺,取决于这个家族的成员是否优秀,是否有才华,以道德与诗书传世,正意味着重视培养教育子孙后代的品质与才华,因而,这样的家族就一定比其他家族人才辈出,从而保持家族的兴旺发达能够世世代代不间断地持续下去。

对于"士"来说,齐家的重要任务之一,就是要端正家风,所谓家风指的是家庭或家族的传统风尚,因而端正家风的具体工作,就是对家族的"传家宝"进行准确的定位与选择。

而对于身为社会精英的"士"来说,"道德"理应是毫无悬念的首要选择,他们选择的最终目标就在于尽可能地保持子孙后代都具备"士"的人品素质,以保证家族世代兴旺。

正是这种源自"士"的精神家风,为我们中华民族培育了无数社会栋梁之材,也为我们的历史留下了如宋代"三苏"那样的家族传奇,以及无数世代忠良、一门三鼎甲一类的励志故事。

第六节

命运与《诫子书》的启迪

曾经参团去湖南旅游，特别是去过韶山和花明楼的朋友，应该都听过导游充满自豪地向游客介绍一连串数字，在开国领袖，开国元帅，开国将领当中，有多少湖南的……不说别的，只要看看 20 世纪五六十年代我国党和国家领导人名单，前面的两位——毛泽东和刘少奇——不都是出自湖南吗？

在长沙的时候，每次跟当地的几位朋友喝茶聊天时，只要说起湖南在中国近现代史上的有名人物，总会引得他们兴奋异常如数家珍。

其实也用不着太多的列举，身为中华人民共和国公民，只需说出毛泽东、刘少奇、彭德怀、罗荣桓这几个名字，应该已经足以让我们对湖南这个地方刮目相看了。

那么，为什么这么多顶尖的优秀人物都集中出自湖南呢？一位湖南本地学者为此专门做了考证，根据他的结论，湖南人之所以在中国近现代史上英雄辈出，很重要的原因是由于"曾氏家训"在湖南广为流传，影响巨大。

这里面的潜台词很清楚：湖南能够出现中华人民共和国诸多领袖人物，得益于《诫子书》的广为流传。

不清楚《诫子书》与共和国湖南籍开国元勋的成长是否真的如此关联，但《诫子书》自清末起长期在湖南的影响力却是不争的事实。

所谓《诫子书》，出自晚清名臣曾国藩之手笔。

《诫子书》在湖南的影响力巨大，与曾国藩本人的影响力密切相关。

曾国藩（1811 年 11 月 26 日~1872 年 3 月 12 日），汉族，初名子城，字伯涵，号涤生，宗圣曾子七十世孙。中国近代政治家、战略家、理学

家、文学家，湘军的创立者和统帅。

他的最大功勋是率领湘军为满清政府镇压了太平天国运动，而他对满清政府的最大贡献，则是镇压太平天国运动成功之后，重兵在握，实力无人能敌。

如果趁机推翻腐败的清廷而自取天下，即使不能说如探囊取物，也基本可以说胜券在握。

而事实上，曾国藩胞弟曾国荃以及多名部下，明里暗里都鼓励他这么做，但曾国藩本人却急流勇退。

主动裁撤湘军以使朝廷放心在前，不计名利，欣然接受朝廷封给他的一等侯在后（这个爵位很高，但与已故咸丰皇帝承诺封给消灭太平天国者的礼绝百僚的王爷相比，相差很远）。使得曾经为出尔反尔违背先帝承诺做出这样决定感到担心，原本担心激怒兵雄势大的曾国藩众人，包括以慈禧太后为首的朝廷喜出望外，自此以他为忠臣典范，生前表彰无数，死后更是极尽哀荣。

除了朝廷的极力宣扬之外，跟随曾国藩镇压太平天国的湘军子弟，几乎个个功成名就，荣耀还乡后都是本乡本土上得了台面的人物，他们对自己统帅的感情是感激与崇拜交加，平日话里话外的带出几句，已经足以大大增强曾国藩在当地的影响力。

儒家宗圣曾子七十世孙的纯正血统，自然而然会在奉儒家为正统的中国社会为曾国藩的影响力加分。

而曾国藩本人一生奉行为政以耐烦为第一要义，主张凡事要勤俭廉劳，不可为官自傲。

他修身律己，以德求官，礼治为先，以忠谋政，实现了儒家立功、立德、立言"三不朽"的理想境界，被誉为"中华千古第一完人"。

作为完人同时又能在官场上获得如此巨大的成功，曾国藩可以说是具备了儒家文化所倡导的"士"的理想人生榜样所需要的一切条件。

尤其可贵的是，曾氏家族作为侯门望族，曾国藩五兄弟的后裔已传到第八代，100多年来没有出现过"败家子"。

从清末至今，而这些后裔中卓有成就的就达到了240多位，真是代有才人出啊。湖南的朋友都说，曾家子弟能够如此争气，绝对借助了《诫子书》的力量，是曾国藩继承发扬儒家教育思想取得的巨大成功。

这样一个完美的时代楷模的齐家之术，被后世的湖南同乡们所重视模仿毫不奇怪。

总之，事实胜于雄辩，在曾家八代传承的成功面前，任何评价解释都显得苍白。为此，谨将曾国藩所写的遗嘱《诫子书》以及今人的译文直录如下[①]：

《诫子书》

余通籍三十余年，官至极品，而学业一无所成，德行一无许可，老大徒伤，不胜悚惶惭报。今将永别，特将四条教如兄弟。

译文：我作官做了三十多年，官职已经到了最高等级，可是学业一点儿也没有成就，德行一点儿也没有可赞许的地方，到岁数大了只有伤悲，不胜惊慌惭愧。现在将要与你们永别，特将以下四条教给你们兄弟。

一曰慎独而心安。

自修之道，莫难于养心；养心之难，又在慎独。能慎独，册内省不疚，可以对天地质鬼神。

人无一内愧之事，则天君泰然。此心常快足宽平，是人生第一自强之道，第一寻乐之方，守身之先务也。

译文：一个人独处时思想、言语、行为谨慎就能在处世时做到心

① 微信公众号：弘化社（honghuashe），2016-11-19.

安理得，心平气和。

修身养性是做人做学问的道路，最难的就是养心，养心中最难的，就是做到在一个人独处时思想、言语、行为谨慎。能够做到在一个人独处时思想、言语、行为谨慎，就可以问心无愧，就可以对得起天地良心和鬼神的质问。

如果一个人在独处时没有做过一件问心有愧的事，那么他就会觉得十分安稳，自己的心情也常常会是快乐满足宽慰平安的，（做到在一个人独处时思想、言语、行为谨慎）是人生中最好的自强不息的道路和寻找快乐的方法，也是做到守身如玉的基础。

二曰主敬则身强。

内而专静纯一，外而整齐严肃。

敬之工夫也；出门如见大宾，使民如承大祭，敬之气象也；修己以安百姓，笃恭而天下平，敬之效验也。聪明睿智，皆由此出。庄敬日强，安肆日偷。若人无众寡，事无大小，一一恭敬，不敢怠慢。则身强之强健，又何疑乎？

译文：主观上对人对事对物态度恭恭敬敬就能使身心强健。内心专一宁静浑然一体，外表衣着整齐态度严谨，这是对人对事对物态度恭恭敬敬的方法；一出门就像要去拜访一个尊贵的客人，就像普通老百姓在祭祀祖先时所表现出来的那种恭恭敬敬的样子，这是对人对事对物态度恭恭敬敬的气氛。

想要凭借自己掌握的知识来安抚老百姓，必须做到一丝不苟恭恭敬敬这样老百姓才能信服，这是对人对事对物态度恭恭敬敬的效果。聪明的人和机智的人，因为他们都能够做到对人对事对物态度恭恭敬敬，所以总能够给别人留下一个美好的印象。

主观上对人对事对物态度庄重严谨恭恭敬敬，就会一天比一天壮大自己，主观上对人对事对物态度傲慢无礼肆意而为，就会一天比一天消亡自己。如果能做到无论对一个人还是一群人、无论对小事情还是大事情都态度恭恭敬敬，不敢有一丝一毫松懈怠慢的意思，那么自己身体和内心的强健，还用怀疑吗？

三曰求仁则人悦。

凡人之生，皆得天地之理以成性，得天地之气以成形，我与民物，其大本乃同出一源。若但知私己而不知仁民爱物，是于大本一源之道已悖而失之矣。至于尊官厚禄，高居人上，则有拯民溺救民饥之责。读书学古，粗知大义，既有觉后知觉后觉之责。孔门教人，莫大于求仁，而其最切者，莫要于欲立立人、欲达达人数语。立人达人之人，人有不悦而归之者乎？

译文： 讲究仁爱就能使人心悦诚服。

天底下人的生命，都是得到了天和地的机理才成就自我的性格，都是得到了天和地的气息才成就自我的形象，我（指曾国藩）和普通老百姓相比，对于生命生生不息的意义其实都是相同的。

假如我（指曾国藩）只知道自私自利而不知道对老百姓讲究仁爱对事物加倍爱惜，那么就是违背甚至抛弃了生命生生不息的意义。

至于那些享有丰厚俸禄的大官，高高地位于众人之上，就应该承担起拯救老百姓于溺水之时和拯救老百姓于饥饿之中的责任。

读古书学习古人的思想，大概知道了古书中的意思，就应该有大力推行古书中自己已经领悟的古人正确思想的责任。

孔子的儒家学派教育子弟，大都要求子弟要讲究仁爱，而讲究仁爱最根本的，就是要想成就自己首先就要成就他人，要想富贵自己首先就要富贵他人。能够成就他人富贵他人的人，人们哪会有不心悦诚服的归顺于他的呢？

四曰习劳则神钦。

人一日所着之衣所进之食，与日所行之事所用之力相称，则旁人题之，鬼神许之，以为彼自食其力也。若农夫织妇终岁勤动，以成数石之粟数尺之布，而富贵之家终岁逸乐，不营一业，而食必珍馐，衣必锦绣，酣豢高眠，一呼百诺，此天下最不平之事，神鬼所不许也，其能久乎？古之圣君贤相，盖无时不以勤劳自励。为一身计，则必操习技艺，磨炼筋骨，困知勉行，操心危虑，而后可以增智慧而长见识。为天下计，则必已饥已溺，一夫不获，引为余辜。大禹、墨子皆极俭以奉身而极勤以救民。勤则寿，逸则夭，勤则有材而见用，逸则无劳而见弃，勤则博济斯民而神祇钦仰，逸则无补于人而神鬼不歆。

译文：努力工作、辛勤劳动就能使神明感到钦佩。

一个人每一天所穿的衣服、所吃的食物，能做到与他白天所做的事情、所用的力气相匹配的，就会得到旁人的认可和鬼神的赞许，这是因为他是在靠自己的本事吃饭。

假如普通人家男人耕田女人织布，一年到头辛苦劳动，才有了几担谷和几匹布的收入，而富贵人家的老爷少爷却一年到头安逸淫乐，不做一件事情，吃的却都是山珍海味，穿的都是锦罗绸缎，喝醉了酒以后就像猪一样呼呼大睡，醒来后他一叫唤就有下人们对他唯唯诺诺，这是天底下最不公平的事情，连鬼神看见了都不会允许他（富贵人家）这样胡作非为，难道富贵人家就可以长期这样安逸淫乐享福吗？

古代圣明的帝王和贤良的大臣，没有一个无时不刻不是把勤劳工作作为座右铭来激励自己的。

如果从个人安身立命的角度来说，就应该努力操练和学习技术本领，积极锻炼自己的体魄，感觉到自己知识太少时就加倍努力去学习知识，时时刻刻做到居安思危，这样才能够做到通过增长自己的学识来增长自己的才干。

而从为天底下老百姓着想的角度来说，就应该做到让普天下的百姓都吃饱饭、穿暖衣，不再处于水深火热之中，让他们都接受教育，不再像水边的蒿草一样没有自己的主见，这些都是我们应该背负的责任。

大禹、墨子大都提倡个人生活应该非常节俭，而对于工作应该非常努力，辛勤劳动以使自己丰衣足食。勤苦劳动的人长寿，安逸享受的人短寿，勤劳的人因为经常参加社会劳动，学有才干而能够派上用场，安逸享受的人因为从不参加社会劳动，毫无才干而会被社会所淘汰。一个人努力工作、辛勤劳动，就能为社会创造财富，给别人带来好处，从而使神明都对他的行为感到钦佩、敬仰，一个人贪图安逸享乐就不能为社会创造财富，不能给别人带来好处，从而使鬼神都为他的行为感到厌恶。

此四条为余数十年人世之得，汝兄弟记之行之，并传之于子子孙孙，则余曾家可长盛不衰，代有人才。

译文：这四条是我从数十年的人生中积累的，你们兄弟们记住并且履行，而且要把它传给子子孙孙，这样，我们曾家就可以长盛不衰，每代都有人才。

看完了《诫子书》，让人实在忍不住想再啰唆一句：《诫子书》的最后一句话看着既像叮咛又像预言，而作为预言其准确性简直吓死人哉！

我们看《列子》中的这一篇《力命》，这两个字用得非常好，尤其这个"力"字，可看到中国文化是跟印度佛学文化相吻合的东方传统文化了。①

佛学后来翻译命运叫作"业力"。这个业包括善、恶、无记。无记属于非善非恶、在好坏之间的莫名其妙的东西。

这三种力量都属于业，佛家讲到业，讲到人为什么有命运，因为人有

① 微信公众号：怀恩书社（huaienshushe），2016-01-04.

所谓过去生，认为生命是连续的，这又是另外一个问题了，我们只能讲到这里为止。

一个人的一生，顺境逆境，幸运遭遇，命运的安排究竟有没有？我们先看列子的说法，再作讨论。

世界上有许多事情是不可抗拒的，发生时令人感到莫名其妙。在中国的传统文化里有一个代表名词叫作"命"。

这是一个代号，抽象的，并不是说你生下来的八字就固定了一生，而是说，命是前生的业力带来的。研究唯识就了解，所谓种子生现行，就是命运的道理。

命运可不可以转变呢？答案是可以转变。我们自己可以控制，一切唯心，心的转变就可以转变命运。但是这个转变非常困难，首先要知道自己的使命，再用巨大的善行功德才能够转变得了。

很多人向命运低头，俗称认命。

我还记得几十年前，有一位阅历丰富、学富五车的前辈曾经告诉我，唐宋以后读书人必须要通"三理"①。

第一为医理，不是都去当医生，而是为了孝敬长辈。因为中国文化以孝道治天下，父母生了病自己要懂得医理去治疗。

第二为命理，孔子说"父母之年不可不知"，这个有些难度。父母年龄可以根据家族遗传规律来推算，同时结合长辈的健康状况，了解一下他们大概还有几年可活，那么这几年就不敢出门了——所谓"父母在，不远行"。当然这是指古代交通非常不便利的时期，现在空间上的距离不是问题，飞机、火车、汽车很方便。现代人难能可贵的是在父母身边的长期陪伴。

第三为地理，父母去世了之后，子女要懂得地理，俗称"看风水"，找一个好地方去埋葬。这在现代社会基本上没啥作用。

这位老前辈还权威性地说，算八字非懂不可。什么理由呢？他说孔子

① 南怀瑾. 新浪博客, http://blog.sina.com.cn/jialing xian yin 2010.

也在《论语》里讲"不知命无以为君子"。

他这一句话就解释错了，孔子讲"不知命无以为君子"，并不是要你会算命。

但是孔子的思想以及我们传统的思想，关于命，的确是个大问题。古今多少人都向命运投降，不只中国如此，现在在西方，尤其在美国，算命也非常流行，还有一所大学特别开设了算命的课。当然不是正式的课，但已经开了这个风气。

西洋算命、印度算命、埃及算命、中国算命，每一个民族的文化，所用的算命方法都不同。

子曰：不知命，无以为君子也。不知礼，无以立也。不知言，无以知人也。

古代中国人讲三理，本来三理的"理"是礼，中国文化有三礼，即《周礼》、《礼记》、《仪礼》为三礼。宋明以后又有三理的说法，读书人必须懂三理，是医理、命理、地理（堪舆），这是由孝道的观念来的。知识分子要懂得这三理，因为父母病了，自己要懂得照顾，这就要懂医理。"父母之年不可不知也"，要懂算命。父母这年有问题，为儿女的要特别小心。万一出了事，要找个好风水，就得懂地理。

由此有一位朋友研究玄学的引用这句话，说孔子主张知识分子必须懂得算命，实际上孔子这句话，并没有提到算命。

孔子的时代，还没有用八字算命的事，用八字算命兴起在唐代，严格说来早一点在南北朝才有，中间加上了印度传过来的文化，如子、丑、寅、卯等十二地支的动物生肖是由印度传来的，我们原来只有地支，没有配上这些动物，东汉以后印度传来了这一套，到唐代才形成算命的学问。

而算命之术分许多大派，同样的八字用这一派方法算，得出的结论是很好，用另一派方法算又很坏。

对算命者来说，历史上最好的本命是乾隆皇帝，他八字内地支涵的四个字是子、午、卯、酉，叫作四正的命。都知道乾隆的命好，历史上所有

的皇帝，没有一个比他更幸福快乐的——六十年的太平皇帝，活到八十几岁，所以自称十全老人，样样好，只有当这种皇帝才算一切顺利。

纵观历史上其他皇帝，没有一个不是充满忧患的。

可是有一个人的八字和乾隆一样，同年同月同日同时生而为叫花子。那么这个命怎么去算？像这样的算命例子多得很，古代的玄学大师们的理论为，因为地区不同——乾隆生在北方，那叫花子生在南方。

在空间上，同一房间两张床上出生的，还是有差别的，这叫移形换步。

变动一步，所看的对象，形态就变了，形态变了，结论就不同。当今社会，如果要讲这一套，就会令人非常困惑，其实这中间就有一些问题和道理，来自内心的恐惧，所谓"魔从心造，妖由人兴"。

孔子所讲的命，其真正意义，指宇宙的某一法则，人事、物理、历史的命运，时间空间加起来，形成这一股力量的时候，人对它没有办法转变，这就是命。

现在我们称它为时代的趋势。

势在那里的时候，就像汽车向前行进的那股动力，还没有衰竭前是没办法让它停止的。

历史时代有它的前因后果，为什么我们这个时代会形成不同于其他任何一个时代的格局呢？

这个就是命，其实就是规律。

就现代来说，我们的八字早已算好了，不过不是生辰八字，而是"生于忧患，死于忧患"八个字。

中国古代的先贤们对"天命之谓性"的"命"又是另一种解释——笼统归于作为宇宙"生命之命"。

按照《论语》中这一句解释，生命之命，即可回归到哲学问题。而"命运之命"包括了哲学与科学的全部问题，都是非常难以研究解释透彻的。

孔子说过"不知命，无以为君子也"，换句话说，就是一个人不知道时代的趋势，对于环境没有了解，不能有前知之明，无法为君子。

这就是对命运的最好解释。

第三章
治国平天下篇

第一节
天降大任

"士"是国家的栋梁之材。不管未来具体从事什么工作，"士"的人生目标，都是要准备承担起"治国平天下"的大任。因此，"士"作为社会精英，其人生道路注定与普通人不同。

所谓"天将降大任于斯人也"，出自《孟子·告子下》中这样一段话："天将降大任于斯人也，必先苦其心志，劳其筋骨，饿其体肤，空乏其身，行拂乱其所为，所以动心忍性，曾益其所不能。"

所以，上天要下达重大使命给这个人，一定要先磨砺他的内心志向，使他经受筋骨劳累，使他尝到饥饿难耐的滋味，使他经历贫困和所行不顺，经历各种错综复杂的状况。

通过这样的方法，让这个人心性坚毅，由此掌握常人所不具备的才能。

经历过"修身"，又在"齐家"过程中锋芒小试的"士"，终于有机会走出家门登上社会这个人生大舞台了。

前些年有两句很流行的歌词："外面的世界很精彩，外面的世界很无奈。"内容给人的感觉特别真实，因为无论古今中外，无数"不知愁滋味"的少年人带着幻想信心满满地走入社会之后，自己曾经那么美好的幻想往往瞬间就被真实社会中残酷的现实击得粉碎。

面对这样的局面，他们当中的大多数人完全没有做好应对的准备，在遇到的困难面前手足无措甚至转身逃避，完全意识不到每个人走向成年所必须跨越的第一步，如果这一步走不出去，那么这个人的未来必然是平庸甚至惨淡的。

有句老话说"少壮不努力，老大徒伤悲"。今天一般的解释主要与刻苦学习文化知识联系在一起，即如果从小不认真读书学习，老来日子过得不好悔断肠子也无法挽回了。

这种解释不能说没有道理，但似乎忽视了原文中"少壮"的"壮"字，可这个字其实很关键，是指成年后也要努力老了才不会"徒伤悲"，而成年人的努力当然不能仅限于学习文化知识，所以，这句话的完整解释必须加上不断克服在复杂的社会环境中所遇到的困难，进取不止的意思才对。

也许正是因为我们在解释中忽略了这个意思，自20世纪90年代起走出中国高校大门的本科生与研究生，因为这第一步走错而长时间失去人生信心的较多，而最可悲的是他们当中相当一部分人从那以后就一路消沉下去，完全失去了恢复信心的勇气。

而这些走向沉沦的学生中的绝大多数人，都自小成长于相对较好的家庭环境，恰恰因其家庭更有能力帮助其解决困难而对父母更加依赖。

难能可贵的是，在那些成长于家庭条件较差，特别是成长于穷困农村地区的学生中，这种走上社会后遇到困难就一直消沉下去的情况非常罕见。

怪不得有句俗语"穷人的孩子早当家"，真正是"自古英雄多磨难，从来纨绔少伟男"。

真正准备承担"大任"的社会精英，一定是那些从一开始就敢于直面惨淡人生毫不退缩的人。

著名法国文学家巴尔扎克曾经说过这样一句话："不幸是天才的进身阶，信徒的洗礼水，智者的无价宝，弱者的无底渊。"

可见，逆境不仅能摧毁一个人，也能造就一个人。而逆境摧毁的必定是庸人，造就的则可能是天才。

孔子应该是身处逆境毫不退缩，勇往直前的榜样。

他一生周游列国宣扬"仁政"到处碰壁，遭受冷遇困境但从不气馁，晚年执笔编著《春秋》，成为一代圣人。

汉初三杰之一的韩信的境遇更加坎坷，受过胯下之辱，曾经穷途末路到乞食于漂母的地步，能在漂母的激励下恢复信心，翻开人生新的一页，最终名垂青史成为中华民族历史上最伟大的军事统帅之一。

总之，人生一世，难免会经历顺境与逆境。

凡成功人士都知道这个道理，顺境逆境两相依，人生是一个不断挑战自我的大舞台。

顺境是我们渴求事事顺利的理想环境，对于心智的成长、知识的提升、性情的陶冶创造有利的条件，有利于充分发展；而逆境却有助于磨炼意志。

因此，励志教育必不可少，学校和家庭应该多对青少年进行逆境教育。

正所谓"玉不琢不成器"，在条件允许的情况下，应该有意识地为青少年创造机会，让他们到条件艰苦的环境中磨炼，经历各种挫折，并和他们一起总结经验，鼓励他们奋发图强，把他们造就成处变不惊、能屈能伸的一代新人，磨炼成在社会风浪中游刃有余的能人。

第二节
不患无位

"不患无位，患所以立；不患莫己知，求为可知也"。这段话出自孔子《论语·里仁》。

其大意是，不要担心没有职位，应担心没有胜任职位的本领；不要担心没有人了解自己，只求自己成为值得别人了解的人。

说明从政者不应只求身居要职，更应立足于自身学识、修养和才能的培养，具备足以胜任职位的素质。

这也是孔子立身处世的基本态度，也是所有走向社会，准备承担天降大任的青年人所应取的人生态度。

有一句俗语说得好："宝剑锋从磨砺出，梅花香自苦寒来。业精于勤而荒于嬉，行成于思而毁于随。"

唐代八大家中的韩愈，在其著名的文章《进学解》中这样写道："业精于勤，荒于嬉；行成于思，毁于随。"

意思是说：学业由于勤奋而精通，也会由于嬉闹玩乐而荒废，做事情会由于深思熟虑而成功，要是大手大脚不动脑子就只能坏事。

韩愈的这番话，绝不是空洞的说教，而是对历史上无数成功失败人生的精辟总结。

有个很好的典故说的也是这个道理：战国时期，有个农民的儿子名叫苏秦，自幼聪明过人，少年时看见村边路上往来路过的官员威风凛凛，很有气派，很是羡慕。

渐渐地就不甘心像祖先一样种一辈子庄稼，就想出去学点本事，也弄个当官的身份威风威风。

苏秦听说齐国有座山，山里有个异人名叫鬼谷子，很有学问也很有本事。就跑到齐国求学，找到鬼谷子要拜他为师。

鬼谷子见这个少年人确实聪明过人，也很喜欢苏秦，就收了这个弟子。

在山上待了几年，苏秦自觉学业有成，又听说两个学成出山的师兄庞涓和孙膑在外面混得风生水起，权势显赫，自己也动了出山闯一番事业的心思。

苏秦要走，鬼谷子也不拦着，苏秦以为老师也认为自己达到毕业水平了，带着高官厚禄的梦想，信心满满地下山了。

那个时代不像后来有科举制，当官的途径只有两条：或者本身是贵族出身，靠长辈的荫庇顺理成章成为"国家公务员"，或者因为机缘巧合能够使本人的才能学识为君主所闻或者看到，由此得到君主的赏识，被君主从平民之中提拔起来。

农家子弟苏秦自然没有贵族出身的背景，要想出头就只能走第二条路。

聪明过人的苏秦还真是给自己创造了几次机会，但出乎他的预料，由于他自己学识浅薄，而愿意跟他见面谈谈的"面试官"见多识广，听他开口说上几句就没兴趣了。

结果，苏秦跑了许多地方都毫无结果，盘缠花光了，衣服也扯烂了，最后穷困潦倒在外面实在待不下去了，只得褴褛不堪拖着半条命回到自己的农家小院。

苏秦当初离家的时候踌躇满志，回家时竟然狼狈成这般模样，家乡人前后一对照，都把他当成了笑话：这小子舍本逐末，放着好好的地不种，结果现在除了吹牛皮啥事也不会，真是个卖嘴皮子的败家子啊。

苏秦知道了，惭愧得无地自容，连门都不敢出了。毕竟是聪明人，关起门来平心静气反省了一番，知道自己的问题出在急功近利上。

发现了自己的问题所在，苏秦下决心发奋读书，正所谓师傅领进门，修行在个人。

已经对鬼谷子修学方法有所掌握的苏秦，这一下功夫，自己立刻感受到大有收获，于是更加勤奋。据说，"头悬梁，锥刺股"以驱逐睡意，振

作精神，集中精力读书的特殊方法，就是说这个时期苏秦读书的故事。

就这样，苏秦经过一个时期的学习揣摩，终于琢磨出战国七雄中齐、楚、燕、韩、赵、魏六个国家如何联合起来对付当时实力最强对六国虎视眈眈的秦国的合纵策略，于是再次离家，游说六国诸侯，最终促使六国联合起来西向抗秦，终于成了一代著名的政治家。

苏秦少年时要当官的梦想自然也实现了，只不过他当的官太大，在这六个国家都称得上是"一人之下，万人之上"。出门坐在车里前呼后拥，没机会在人前显示自己的威风凛凛了，就连他的随从人员，在像他小时候一样的村民眼里恐怕也比他当年见到的那些官员威风得多。

苏秦的故事简直可以说是直接实证《孟子·告子下》中"天将降大任于斯人也"的真人版事例，而这个故事的更可贵之处就是还能同时论证孔子《论语·里仁》中"不患无位，患所以立"的论断。说明中国传统文化主张要成为社会脊梁的人必须先磨砺自身品格，增长社会阅历，努力进取增长学识能力，实在是大有道理。

"路漫漫其修远兮，吾将上下而求索"是一句出自屈原的名作《离骚》的名言。

意思是说：在追寻真理（真知）方面，前方的道路还很漫长，但我将百折不挠，不遗余力地（上天下地）去追求和探索。

千百年来，这句话一直激励众多中华儿女为了心中目标坚持不懈，永不言弃，为实现心中的远大目标而奋斗。

比起只会溜须拍马惦记升官发财的官场小人行径，这才应该是有志于成为未来社会精英的中国青年的人生追求，不是吗？

以"路漫漫其修远兮，吾将上下而求索"立志，以"不患无位，患所以立"这句话鞭策自己，绝不让各种患得患失动摇自己的意志。

最终，我们也不应该忘了"天道酬勤"这句中国传统文化中著名的成语。

相信"上天"会按照每个人付出的勤奋，给予相应的酬劳。因而只要多一分耕耘，就应该多一分收获，只要自己付出了足够的努力，最大限度地完善、充实自己，千方百计地提高自己的竞争实力，不计较得失，将来也一定会得到社会相应的回报，就会有一个美好光明的明天。

最后引用一句与这个主题及其契合的当代名言："机会留给有准备的人。"

总之，唯有努力了，才有可能抓住机遇，而不努力就意味着自己放弃了会成功的可能性。

第三节

天道酬勤

当代诗人汪国真，有过这样的句子："人能走多远？这话不要问两脚，而是要问志向；人能攀多高？这事不要问双手，而是要问意志。"

对现代诗不摸门，所以搞不懂这话是汪先生的诗句，还是有感而发的"心灵鸡汤"，但觉得内容满有古意。

有人这样解读他的意思：漫长而艰苦的追梦过程中能够矢志不渝，作为支撑的是信念与意念，若始终以如此高尚的精神去追寻，终会有所成就。

不清楚这样的解读是否合汪先生的本意，但窃以为何必在意是否"有所成就"呢，坚持本身，不就是成就吗？

坚持本身就是成就也不是什么新鲜话，"坚持就是胜利"的口号喊了几十年了，感觉上绝对比"坚持本身就是成就"更加给力，也似乎更能反映中国古代"士"的精神。

坚持的可贵，在于"人贵其久，业贵其专"。（宋·陈亮《耘斋铭》）

意思是说，人的精神贵在能够坚忍不拔，做事的本领贵在能够专业水准出类拔萃。

这话很有点"化精神为物质"的哲学意味：有坚持的精神，理应能把所坚持的事情做精、做好。

事情做好了，则理应受到社会的褒奖和欣赏，也就会得到社会的回报。所谓"天道酬勤"，说的就是这个意思。

所以，对于"士"来说，这就意味着没有必要费心思去考虑那些追求回报，只要坚持自己的理想和志向，得到回报是自然而然的事情。

从这个意义上说，"天道酬勤"对于孔子"不患无位"的说法，是一个很好的补充，能让我们这些普通人更容易理解、明白孔子的意思。

根据史料记载，清代康熙八年（1669 年）朝廷开科取士，安徽省宁国府太平县仙源的举人进京赶考，结果落第了，这个人的名字就是现在家喻户晓的王致和。

王致和不是富人家子弟，随身带的盘缠不多，落第之后，回家的旅费成了问题，只能滞留在京城。

但"长安居，大不易"，本来手里银子铜钱就不够，如果坐吃山空，等于是走绝路。

所以，王致和为求生计，不得不放下举人老爷的架子，重拾小时候在家学到的做豆腐手艺，在所住的北京前门外延寿寺街羊肉胡同"安徽会馆"内，用手推的小磨，每日磨上几升豆子做成豆腐沿街叫卖赚钱糊口。

同时刻苦攻读，准备三年后再考一把进士。安徽举人王致和一边做着小生意，一边刻苦读书，虽然面子上有点难看，但日子也还混得下去。

时间到了盛夏，有一天王致和生意不太理想，走出一身臭汗豆腐却没卖完，带回来自己当晚也吃不了，不舍得送人却又怕坏了，正在想来想去不知如何是好的时候，脑子里突然一亮想起咸菜终年不坏的原因。

于是，便仿照腌咸菜的方法将剩下的豆腐切成四方小块，小心翼翼地放进一个坛子，一边放一边撒上盐、花椒等佐料，最后将坛子封口收了起来。

由此意识到夏天豆腐难卖剩下又容易坏，又算了算手头积蓄不多也还撑得下去，便决心暂停豆腐生意，完全"两耳不闻窗外事，一心只读圣贤书"了，竟把自己腌着一坛子豆腐块的事情给忘到脑后了。

秋天了，王致和的积蓄花得也差不多了，便准备重操旧业，重新开始自己的豆腐生意。

猛然间想起那小缸豆腐，连忙把坛子找出来启封，结果盖子还没打开就嗅到一股臭味扑鼻而来，打开盖子定神一看，原来白白的豆腐已变成乌青色，看着是没法要了。

但日子过得艰辛，扔了实在觉着可惜，于是他掩住鼻子，硬着头皮，大着胆子用筷子挑出点豆腐尝了尝，不料闻着臭烘烘的豆腐吃起来居然没有半点馊坏腐烂的味道，而且入口之后别具一种很好吃的香味，忍不住津津有味地吃了几块。

一夜安睡，到第二天早起也没拉肚子，王致和便盛了几块带上跟同住安徽会馆的举子们共进早餐时佐粥。

结果大家一闻到臭味纷纷掩鼻轰他出去，不想王致和不慌不忙满满盛了一大碗粥，旁若无人就着众人眼里"乌起码黑"的东西呼噜呼噜喝起来，众人看他吃着香，不禁好奇，有胆大的就凑过去跟着尝了尝，这一尝就收不住嘴了，其他人见状也都纷纷加入，个个大快朵颐。

一坛子臭豆腐很快就被分光了，王致和有了信心，从此将自己的新鲜豆腐生意改成了臭豆腐，居然卖得红红火火，王致和臭豆腐很快就声名远扬。

但王致和作为赶考的举人运气却差了点，屡试不中，令他灰心丧气。

臭豆腐生意虽然让他赚得钵满盂满，从当年的穷困潦倒彻底翻身，但举人的身份却让他始终觉得这不是自己的正业，始终有个心结。

到了康熙十七年（公元 1678 年），王致和在诸多朋友的鼓励下，终于下定决心放弃考进士的理想。在现今的延寿寺街西路立起"王致和南酱园"的牌匾，大兴土木，雇师招徒，以经营臭豆腐作为招牌，兼营酱豆腐、豆腐干及各种酱菜。

虽然身入商海，王致和却一直守着读书人的本分，生产中用料讲究，买卖上童叟无欺，技术上更是精益求精，不断改进，"王致和南酱园"的名声因此越来越响亮，臭豆腐的销路扩大到东北、西北、华北各地。

此后历经数代，"王致和南酱园"的臭豆腐水平越来越高，终于在清末传入宫廷御膳房，成为慈禧太后非常喜爱的一道日常小菜。

慈禧太后自重身份，觉得贵为皇太后吃的东西却叫作"臭豆腐"不成体统，便给臭豆腐改了个名字，赐名为"青方"。

这一下王致和臭豆腐身价倍增，以至于"王致和"门前的三块立匾都彩绘龙头，以表明其为"大内上用"的贡品；而"王致和南酱园"的牌匾上刻的字，也分别由当朝两位状元孙家鼎、鲁琪光题书。

其中，喜食臭豆腐的孙家鼎专门为臭豆腐写了两副藏头对，一副曰："致君美味传千里，和我天机养寸心"，另一副曰："酱配龙蟠调芍药，园开鸡跖钟芙蓉"，冠顶横读为"致和酱园"。

王致和的故事很有些戏剧性，"王致和"的字号自康熙年间开始，一直传承至今，历经300多年而不衰，且越做越红火，是名副其实的地道中华老字号。

其腐乳产品独有的细、腻、松、软、香五大特点，深受几代中国消费者的喜爱。

分析王致和的成功，若论臭豆腐的发明，可以说是一个纯粹的巧合，却在于他以及后代"没有最好，只有更好"的产品理念，从不放弃改进的努力。

而"王致和"的字号最终得到如此发展，也很好地印证了"天道酬勤"的道理。

从另一个角度看，王致和所取得的成就在今天看来，恐怕没有几位康熙朝的进士能与之相比，如此说来，王致和当年的落第，反倒使他有机会通过努力成为流芳百世的社会精英。

这样一个社会精英，自然当得起"士"的称谓。

第四节

士无专事

中国传统文化推崇"士"的精神，强调"士"身上担着"治国平天下"的历史重任。

从根本上说，并不意味着不当官从事管理国家的工作就没有"士"的身份，所谓"贫贱不移，富贵不淫，威武不屈"，作为一个"士"，更重要的是精神志向，而不是其工作岗位。

有句俗语说："位卑未敢忘忧国。"意思是即使身份不高，也不能不关心国家大事。

换个角度分析这句话，不是也有即使"位卑"也可以"忧国"的意思在里面吗？

进一步说，孔子自己就是"饭疏食饮水，曲肱而枕之"，却觉得"乐亦在其中矣"（《论语·述而》，并且因为自己最得意的弟子）颜回"一箪食，一瓢饮，在陋巷，人不堪其忧，回也不改其乐"。（《论语·雍也》对他大加称赞。

这师徒二人一个是吃淡饭，喝白开水，睡觉连枕头都没有，只是枕着自己的上臂骨入眠，依然能够乐在其中；另一个吃饭只是一竹筒食物而已，渴了只是喝一瓢凉水，住在破破烂烂的小巷子里，依然能够其乐融融。

在常人眼里，明明是两个穷鬼在那里穷开心嘛，可在中国传统文化看来，真正的"士"所担心的乃是道能否实现、落实，不受损害，而不是自身的贫穷。

他们的行为却是身处困境依然能保持乐观情绪，对自己的理想抱负矢志不移，应作为"士"的典范。

《孟子》"三则"当中有一段孟子本人与弟子景春之间的对话，很清晰

地反映出上述思想：

景春曰："公孙衍、张仪岂不诚大丈夫哉！一怒而诸侯惧，安居而天下熄。"孟子曰："是焉得为大丈夫乎！……以顺为正者，妾妇之道也！居天下之广居，立天下之正位，行天下之大道；得志，与民由之；不得志，独行其道。富贵不能淫，贫贱不能移，威武不能屈，此之谓大丈夫！"

用今天的话解读，就是：景春认为公孙衍、张仪算得上"成功人士"，因为这两个人如果发怒，连诸侯都会害怕，所以，他们理所应当是大丈夫。

孟子极其鄙视地说："他们哪配当大丈夫啊！像他们只会以顺从君主为准则，不过是没身份的娘们能耐而已！要具有天下最广阔的心胸，站在天下最正义的立场，践行天下至大的真理；能实现志向就和人民一起去实现，不得志就独自坚持原则；高官厚禄不能乱我心，家贫位卑不能变我行，威势暴力不能挫我志，这才当得起叫大丈夫！"

另外，孟子在《孟子·滕文公下》中流传后世的名句："富贵不能淫，贫贱不能移，威武不能屈，此之谓大丈夫。"也同样强调了这样的思想。

不用多作解释，孟夫子大丈夫气概的定性，正是对"士"的品格要求。

所以，君子也好，大丈夫也罢，说的其实都是"士"。

应该说，中国传统文化中极具代表意义的古代儒家，特别是孔子对于中国文化的伟大贡献之一，就是在区分君子与小人的时候，并不是依据外在的社会地位，主要在于人的内在品质与自我修养。

儒家这种特别"早熟"的平等意识浸透在孔孟学说的方方面面，而这种思想与西欧封建贵族社会既没有垂直流动，又没有水平流动的严格等级制正好相反，和西方直至宗教改革和启蒙运动才发生的人道主义则高度一致。

认识到这一点，可以帮助我们理解中华文明领先世界千年之久的最主要原因，就在于伟大的中国传统文化在漫长的世界文明发展过程中长期居于领先地位。而中国传统文化中这一思想的精华，就反映在前面所引用的先贤的话语中。

说了这么多主要都与"士"的品格有关，那么，"士"作为社会精英，身负"治国平天下"的重任，具体该做哪些工作呢？

西汉的董仲舒曾对"士"作了这样的解说："士者，事也。"（《春秋繁露·深察名号》其后，东汉的《白虎通》、《说文解字》也有同样的说法。

意思就是：士就是事啊。这话在现代人看来，真是要犯糊涂了，"士"明明是人嘛，还是社会精英，怎么就变成了"事"？

对于这个疑问，明末东林书院一副人所熟知的对联可以给出解释："风声、雨声、读书声，声声入耳；家事、国事、天下事，事事关心"，原来"士者，事也"的意思，是说"士"就是把天下所有的事情无论巨细都揽过来当作自己责任的人呀。

明代中晚期著名思想家吕坤在《呻吟语·应务》对"事也"进行了分类："世道、人心、民生、国计，此是士君子四大责任。"他所列举的四点大体可以涵盖到社会生活的各个基本方面。

最后，值得一提的是清代思想家包世臣的解读："士者，事也。士无专事，凡民事皆士事。"（《安吴四种》卷十）

翻译成现在的话，他的解释就是：没有哪件事是专门要士才能做，但一切跟老百姓相关的事情，都是士人所应该关心、从事的工作。

这就把士人的责任彻底明确化了。

包世臣（1775～1855 年），字慎伯，安徽泾县人。他出生于下层封建知识分子家庭，少年时期受到过良好教育。后因其父患病，家境困顿，他曾租地十亩，种植蔬菜，售卖瓜果。在辛勤劳动的过程中，他刻苦自学了许多农业知识。

就个人功名而言，包世臣的最高成就是嘉庆十三年（1808 年）乡试中举。

之所以将包世臣其人进行单独介绍，是因为他本人处在鸦片战争前夕中国的社会危机日益深重、民族危机也渐露端倪时代。

作为寻求变革已解决中国社会问题的思想家包世臣为了激励知识分子

走出故纸堆，关心国计民生，担负社会责任而创作出《安吴四种》。

而从其本人相对贫苦的经历与不高的社会地位，与他文字中反映出的所愿意承担的社会责任，形成了鲜明的对比，烘托出起"位卑未敢忘忧国"的高尚节操。

他本人认真务农，刻苦学习农业知识并最终写出以烟草种植经济为主要内容的《安吴四种》，也证明了"士无专事"，只要保持崇高的品格，力所能及地做好于社会有益的分内事（受科技发展水平的限制，当时人类尚不知晓"抽烟有害健康"的道理），就是社会精英，就是"士"。

所以，治国也好，平天下也罢，做官从政并不是必须的出路与条件。

只要能够志存高远，对社会有所贡献，就是社会精英，就是具备了"士"的资格。

被后人奉为财神爷的范蠡，做官能够帮助越王勾践建立霸业，功成身退又能华丽转身，经商成为一代首富，同时又以"取财有道，用财有道"为万民敬仰，正因为他不管从事什么工作，都没有放弃理想志向，都不脱"士"的本色。

而把科举落第，以卖臭豆腐为生计的王致和列入"士"的行列，也是出于同样的理由。

第五节

用人之道

《易经》深刻地影响着中国人的生活和行为方式，指导我们更好地获得成功。

《易经》有着严谨的理论结构：卦与卦之间的先后顺序及衔接，往往反映出深刻的事物发展客观规律，如"同人"之后是"大有"，"大有"之后则是"谦"。这三个卦的连接阐明了与成功相关的真理。

先说"同人"与"大有"两卦之间的关系。"同人"之卦是强调人与人之间的合作精神，"大有"之卦是说成功的，两卦连接，给出来的意思便是只有众志成城，精诚合作才能得到成功。

也就是说，要想取得事业的成功，首要问题是组成一个能够走向成功的团队，纵观古今中外的历史，没有人能在自己离心离德的情况下取得成功，所以，一个精诚合作的团队是成功最重要的基础。

要组建一个精诚合作的团队，就必须懂得用人之道。所谓"用人之道"，是指举用贤才的方法，中国传统文化中凝聚了从古至今诸多英雄人物选用贤人的方法，并总结了他们如何选择能人，如何运用能人的方法与心得。

唐太宗李世民是中国古代历史上最成功的皇帝之一，他的很多治国之道久为后世所推崇，而在他的所有治国方略中，以用人最为后世所称道。

唐太宗喜欢人才，也擅长用人，在他的一生中，手下出色的文臣武将不胜枚举，正是由于他能够吸引人才，才得以组建一个时代最出色的人才团队，而他本人也正是由于有了这样一个人才团队的帮助，才为创建中国历史上最强盛的大唐王朝打下了良好的根基。

唐太宗的用人之道，以下几点非常突出。

（一）珍惜人才

唐太宗认为"能安天下者，惟在用得人才"。

在隋末群雄竞起的纷乱形势中，刘武周率先起兵，依附突厥，自称皇帝，改元天兴。

后来，还是秦王的李世民率军征讨刘武周，几度交锋之后，占得上风，刘周武连连失败，其下属部将纷纷投降李世民。但过了没多久，那些降将又纷纷叛逃而去，只剩一个尉迟敬德没有逃走。

面对这样的局面，李世民手下纷纷进言，劝他杀了尉迟敬德，以免除后患。但李世民爱惜尉迟敬德这个人才，不仅不听部属的劝告杀了他，反而对他委以重任。

而尉迟敬德也是投桃报李，在此后跟随李世民东征西讨的战争中屡立奇功，特别是在李世民差点被兄弟谋杀的玄武门之变时，正是尉迟敬德得知消息后连衣服都顾不得穿，骑马赶来救了李世民一命，从而挫败了李世民两个兄弟的政变阴谋，成为李世民登上帝位的最大功臣。

（二）知人善用

唐太宗认为 "故良匠无弃材，明君无弃士"。《帝范·审官篇》即人才是多方面的，关键在于是否能够及时、合理选用。

在这方面，司马光《资治通鉴》中所记叙的唐太宗与封德彝之间的一段对话特别为后世所称道："上（太宗）令封德彝举贤，久无所举。上诘之，对曰：'非不尽心，但于今未有奇才耳！'上曰：'君子用人如器，各取所长。古之致治者，岂借才于异代乎？正患己不能知，安可诬一世之人！'德彝惭而退。"

这个故事说的是唐太宗让封德彝举荐有才能的人，他过了好久也没有推荐一个人。

太宗责问他，他回答说："不是我不尽心去做，只是当今没有杰出的人才罢了！"

太宗说："君子用人如用器物一样，各取它的长处。古代能治理好国家的帝王，难道是向别的朝代去借人才来用的吗？我们只是担心自己不能识人，怎么可以冤枉当今一世的人呢？"德彝听了这话满面羞愧地走了。

（三）以诚相待

唐太宗登基当皇帝以后，有人出主意要他采用古代"帝王术"驾驭臣子，用计谋权术试探朝中大对自己的忠诚与否。

唐太宗对这种建议的回答是："如果我这个当老大的用这种下三滥的招数试探部下，自己就不光明磊落，以后哪还有脸要求人家正直呢？"

正人先正己！看了唐太宗的回答，谁敢说他不是个好上级、好领导啊。

后来明朝有个著名的宰相张居正，对唐太宗的这种态度评论道："君德贵明不贵察，明生于诚，其效至于不忍欺，察生于疑，其弊至于无所容，盖其相去远矣。"

意思是说，当皇帝的德行贵在对臣下有知人之明，而不是试探查究来分辨忠奸。前者以诚恳对待臣下，臣下也同样会"诚实不欺"；后者则是以猜忌的态度对待臣下，搞得相互防范没法相处。两相比较，得失相差太大了。

（四）量大能容

唐太宗在位时，朝廷一大特色是大臣敢跟皇帝当面说心里话，这是因为唐太宗能接受各种不同意见，从不固执己见，也不偏听偏信。

明朝的张居正对此大为赞赏，认为唐太宗能够做到这一点，达到了孔夫子"敏而好学，不耻下问"所要达到的最高境界。

（五）不埋没，不姑息

唐太宗的用人原则是："知能不举，则为失材；知恶不黜，则为祸始。"（《金镜》全唐文卷10）

意思是说，如果发现人才不提拔，等于要盖房子把房梁给丢了。如果发现官员贪腐不作为却不罢免，那就要惹火上身了呀。

（六）重视人才培养

唐太宗为培养人才，先后创办国子学、太学、四门学、律学、书学、算学六个专门机构，史上合称"六学"，为国家的兴盛大力培养各类人才，大唐"贞观之治"的鼎盛，在很大程度上应归功于当时人才的鼎盛。

清代著名的思想家魏源则强调："不知人之短，不知人之长，不知人长中之短，不知人短中之长，则不可以用人，不可以教人。"（《默觚下·治寓士》）

以此为标准，可以认定唐太宗李世民全面掌握了用人之道的精髓，是中国传统文化用人之道的集大成者，他结合自己的治国体会所提出"为政之要，惟在得人"的著名论断，可以说是对用人之道重要性的最高概括。

中华文化的一个中心议题是讲做人的道理，中华文化博大精深，内容

丰富，传承弘扬优秀传统文化，要把握本末主次方能事半功倍。①

当前应以学习传承中华文化关于做人的道理，重建中华文化人生理想信念、道德信仰为中心，以重现中华礼仪之邦的形象为目标。或者说，进行一次全民学做人的再教育："建设中华民族共有的精神家园。"这可以从三个方面来说明。

首先，传统文化的特质就在于重道德。《大学》说，"自天子以至于庶人，一是皆以修身为本"，是最简明的表述。

中华民族历史文化发展，也充分表明了这一点。在长期的历史发展中，中华文化关于为人之道的思想，如儒家孔子提出的"仁以为己任"，"修己安人、安百姓"的人生理想追求，"己所不欲，勿施于人"，"己欲立而立人，己欲达而达人"的忠恕之道，以及孝、悌、忠、信，温、良、恭、俭、让等道德要求，为人们所继承，成为中华民族的集体意识，民族的文化传统。

至今世代传颂，家喻户晓，代表着中华民族精神的一些名言，如"先天下之忧而忧，后天下之乐而乐"、"人生自古谁无死，留取丹心照汗青"、"天下兴亡，匹夫有责"、"苟利国家生死以，岂因祸福避趋之"等，正是儒学倡导的为人之道最高的、集中的体现；中国民间孝悌忠信礼义廉耻，忠孝仁爱信义和平的道德风尚，也是儒学为人之道在普通人日常生活中的具体表现。

这些思想培育了无数志士仁人，英雄豪杰，成为中华民族的脊梁，支撑了民族的发展；也塑成了中国人的精神品格，使我们赢得了"礼仪之邦"的美名。

传统文化关于为人之道的思想，是中国人生活方式的精神表现，中华民族精神的思想基础，世代中国人安身立命的精神家园之所在。

再从两个典型人物看。文天祥就义前在腰带上写下遗言："孔曰成仁，

① 钱逊. 重新学习怎样做人 [N]. 学习时报，2016-05-19.

孟曰取义；读圣贤书能，所学何事？惟其义尽，所以仁至。而今而后，庶几无愧。"他一辈子读圣贤书，所追求的是孔孟所说"成仁取义"的理想境界。最后回顾一生，自信已经做到，宽慰地感到"庶几无憾"。

顾炎武说："有亡国，有亡天下。……易姓改号，谓之亡国；仁义充塞，而至于率兽食人，人兽相食，谓之亡天下。……知保天下，然后知保其国。保国者，其君其臣，肉食者谋之；保天下者，匹夫之贱，与有责焉耳矣！"以维护社会道德风气，保天下为己任。

又说："愚以为圣人之道如之何，曰'博学于文'，曰'行己有耻。'"他也是以学为君子，传承文化，维护社会道德风气为儒学的根本精神。

总之，中华文化的特点，它的中心是讲做人的道理。我们今天弘扬中华文化，进行这方面的教育，首先要把握这一点。

其次，当前全球和国内社会现状。

当今世界，面临多方面的威胁人类生存的危机。精神危机是其中之一。"个人第一，利益至上"的价值观充斥浸润于社会，成为纷争、冲突以致战争的根源。

中华文化所倡导关于做人的道理，关于人生理想、意义的思想，崇德乐群的价值观，蕴含着可以解决我们社会上的弊病的良方，无论对于中国还是世界，都具有重要意义。这是当今传承和弘扬中华传统文化所要关注的基本问题。

最后，我们教育对象的现状。

"个人第一，利益至上"的价值观正是导致诸多不良现象的思想根源。这是教育立德树人面对的首要问题，也是传统文化教育所要面对的首要问题。

引导学生正确认识物质和精神，个人和群体的关系，继承中华文化"崇德乐群"的优秀传统，摆脱"个人第一，利益至上"价值观的影响，树立正确的人生观和价值观，应该是传统文化教育的中心目标和任务。

有一种观点认为教育的目标应该是让学生"完成你自己"或"做最好

的自己"、"做最好的我"。

中华传统教育就是要帮助人懂得做人的道理，树立正确的人生观、价值观，超越禽兽的境界，成为堂堂正正的、真正的人。把个人的奋斗目标归于个人利益上，不利于引导社会公众树立健康的人生观、价值观。

这就是为什么倡导学习中国传统文化在现代社会中的应用，我们在讨论和进行传统文化教育的过程中，对这样的问题需要认真思考、讨论，予以辨明，尽自己的所能把它传播出去。

企业在用人之初，重点考察的就是品德。能力可以培养，而成年人的成熟的世界观不容易改变。所以，要按照中国传统文化所提倡的如何做人的道理选材，搭建团队，尤其是领导班子。

第六节

成败之间

因为"同人"而"大有"，事业上有了成就，根据《易经》的顺序，下一个就是"谦"卦，"谦"卦的核心是强调戒骄戒躁。

也就是说，一旦事业有所成就，戒骄戒躁应该是最重要的品质，这个道理不必多说，历史上因为"谦"而将暂时的成功付之流水的教训太多了。"骄兵必败"的说法，大概能把中国人的耳朵磨出茧子来。

春秋时期吴越争霸故事里面的失败与成功，应该是"谦"卦相关的最好实例，这个故事出自《史记卷四十一·越王勾践世家》。

春秋时期，吴国和越国是两个并立而存的邻国，相互间成为对方争霸中原的障碍：吴欲争霸中原，必先征服越国，以解除其后方威胁；越欲北进中原，更必先服吴才有可能打通路径，因而，为了实现各自的野心，两个国家间引起延续二十余年的吴越战争。

公元前496年，吴王阖闾率军攻越，双方主力战于樵李。越以死罪刑徒阵前自刎，乘吴军注意力分散之机发动猛攻，大败吴军。阖闾负伤身死，夫差继位为王。

越王勾践在争斗中占先机得胜之后，非常得意，开始一味地轻敌。

而继位的吴王夫差却牢记父仇，重用优秀的军事家孙武和伍子胥，励精图治，国家因此兵强马壮。

两年后，自信满满对吴国的发展不了解的勾践不理会自己谋士范蠡的劝告，发兵进攻吴国，两军战于夫椒（今江苏太湖中洞庭山），终被吴王夫差和伍子胥领兵打得大败。

越兵主力被歼，吴军乘胜追击，长驱直入，占领了越国的国都会稽（今浙江绍兴）。越王勾践率余部5000人被围于会稽山上命悬一线，范蠡在这种情况下请缨只身去见吴王夫差，为勾践请降。

吴国重臣伍子胥极力反对接受投降，认为"今不灭越，后必悔之"，但范蠡利用夫差大胜之后自信心膨胀，急于北上中原争霸的心理，经过与伍子胥一番斗智，说服夫差同意受降收兵。

吴王夫差虽然未采纳伍子胥建议留了勾践一命，但终究不能完全放心，决定把勾践带回吴国留在身边侍候自己。

这本来也算是个比较明智的安排，在当时历史条件下能压制越国，使之很难东山再起与吴国做对。

但曾经得意忘形的勾践在失败中觉醒了，老老实实服服帖帖地把夫差侍候得非常舒服，再加上吴国争霸中原大获成功，夫差眼里已经什么都装不下了，昔日的手下败将每日里像奴仆一般在自己身边战战兢兢恭恭敬敬的驯服样子，让夫差对勾践彻底失去了警惕，最后居然同意放勾践返回越国。

根据《史记卷四十一·越王勾践世家》里面的描述：回国后的勾践"乃苦身焦思，置胆于坐，坐卧即仰胆，饮食亦尝胆也。"曰："女忘会稽之耻邪？""身自耕作，夫人自织，食不加肉，衣不重彩，折节下贤人，厚遇宾客，振贫吊死，与百姓同其劳。"

总之，就是过苦日子，处心积虑，每天都尝苦胆，并且让人提醒自己

当俘虏的耻辱，并跟夫人一起像平民一样男耕女织，饮食简单，衣服朴素，礼贤下士，与老百姓同甘共苦。把《易经》中"谦"卦的要求发挥到了极致，虽然他不是成功而是失败之后才觉悟的，但也算是亡羊补牢了。

就这样，勾践卧薪尝胆，处处身先士卒为百姓做榜样，暗中壮大集结了越国的力量。

而此时，吴王夫差一直积极为北进征服中原做准备。在这期间，吴国重臣伍子胥始终对勾践不放心，不断建议"定越而后图齐"，认为越是"腹心之病"，而"齐鲁诸侯不过疥癣"之疾而已，但吴王夫差对勾践已经是既信任又瞧不起，根本不理会伍子胥的建议，执意举兵北上。

而夫差的北上努力也确实取得了战果，到公元前482年，吴军在取得一连串军事胜利之后，夫差率吴军主力进至黄池（今河南封丘西南），迫使以晋国为首的中原诸侯会盟，霸业达到了顶点。

没想到螳螂捕蝉，黄雀在后，当吴王夫差在黄池与晋定公争做盟主时，越王勾践分兵两路攻吴。

一部兵力自海入淮，断吴主力回援之路，掩护主力作战；其自率主力直趋吴都，在郊区泓水歼灭迎战之吴军，并乘势攻入吴都。夫差得到消息急忙南归，恐因国都失守士气下降及远程奔返造成部队疲惫，决战不利，派人请和。

勾践也觉得吴军主力未损，不愿进行无把握的决战，遂与吴订和约后撤军。

而到此时，越国的实力已经与吴国相当。

又过了四年，吴国发生灾荒。越乘机发动进攻，与迎战吴军在笠泽（在今江苏吴江一带）隔江相峙。

越军利用夜暗，以两翼佯渡诱使吴军分兵，然后集中精锐，实施敌前潜渡、中间突破，并连续进攻，扩大战果，创造了中国战争史上较早的河川进攻的成功战例（参见笠泽之战）。

笠泽之战后，吴、越力量对比发生了根本变化，越已占有绝对优势。

到公元前 475 年，实力越发强大的越国再度发兵攻吴。而此时吴军已经无力迎战，只能据都城防守。

越于吴都西南郊筑城，对吴国都城长期围困。其间，吴国八次遣使请和，均遭越拒绝。

这样过了三年，吴国都城终于被攻破，夫差自杀。

在吴王夫差与越王勾践数十年的长期争斗中，双方各有成败一次。总结其中的经验教训，双方成败的原因竟是惊人的相似：

两个人的失败原因，可以说是同样因为犯了"骄兵必败"的大忌；两个人的胜利则主要得益于"谦"的心态，只可惜两个人都没能把握住《易经》在"大有"也就是得胜时需要"谦"的道理，因而他们的例子只能说是教训多过了经验。

人生在世，过程漫长，有顺境也有逆境，在逆境中保持"谦"的状态并不难，因为此时想除了鲁迅先生笔下"阿Q"那样的人物，普通人就是想骄傲自满也自知没有本钱，根本做不到；但如果一个人能在处于顺境的时候，依然保持"谦"的状态就比较难了，因为顺境中的人往往是周围一片"不如我"的感觉，一览众山小的心态让人怎么谦虚的起来？但正因如此，能够在顺境中保持冷静低调，保持"谦"的状态才真正失去社会精英的本色。

所以，《易经》让"谦"卦紧随"大有"，实在是用心良苦。

所以，作为身负天下重任的社会精英，必须做到"顺境能节制，逆境方坚韧；智者不以境役心，要以心制境"。

不论处于何种环境，都应该正视现实，要能够珍惜顺境，不因顺境而故步自封狂妄自大；也要能够与逆境坦然相处，不因逆境而一蹶不振妥协丧志。像这样善待顺境，挑战逆境。以积极乐观的态度面对人生，就一定能让自己的人生更加丰富多彩，在成功的路上走得更远。

所以，我们要想走向成功并保持成就基业的长盛不衰，实在是应该将《易经》"同人"而"大有"再"谦"的顺序所阐明的道理，当作走向成功

的座右铭。

第七节

如烹小鲜

中国文化概括为两个字，就是道和术。

我认为，纵观中国历史上最为杰出的先贤，老子是道的最高代表之一，孙子是术的最高代表之一。

一、老子做人之道

（一）顺其自然，随缘而安

老子说：

天地不仁，以万物为刍狗；

圣人不仁，以百姓为刍狗。

天地是无所谓仁慈的，它没有仁爱，对待万事万物就像对待刍狗一样，任凭万物自生自灭。圣人也是没有仁爱的，也同样像刍狗那样对待百姓，任凭人们自作自息。天地之间，岂不像个风箱一样吗？它空虚而不枯竭，越鼓动风就越多，生生不息。政令繁多反而更加使人困惑，更行不通，不如保持虚静。

老子《道德经》有："天地不仁，以万物为刍狗"的话——一般人批评老子这句话为阴险、刻薄，看事情太透彻。因为他们解释这句话的意思是说，天地无所谓仁不仁，生了万物，又把万物当刍狗来玩弄。

这是对老子思想的误解，或者故意曲解，也有可能是作幽默用的。老子"刍狗"的本意，就是草做的狗。狗在古代本来是作祭祀用的牺牲，在祭祖宗、祭天地等典礼中使用，如现在的冷猪头、牛、羊等。

后来由于社会风气的演变，不再用真的狗祭祀，而用稻草扎一只狗的形状代替。相当于后世在祭拜的时候，用面做的猪头代替真的猪头一样。刍狗做好以后，在还没有用来祭祀之前，大家对它都很重视，碰都不敢随便碰；等到举行祭祀以后，就把它丢到垃圾堆里去了。

儒家常说天地有仁心，滋生了万物；老子则说天地无所谓仁，也无所谓不仁。天地生了万物，并没有想取回什么报酬；而人帮助了其他人，都往往附带了条件，希望有所回报。

于是老子说人要效法天地。天地生了万物，却没有居功；天地给万物以生命，也没有自认为荣耀；天地做了好事，使万物生生不息。凡是能做的，做了就做了，没有任何附带条件。

所以真正要成为圣人，就要效法天地的这种精神，养成这样的胸襟。所以老子的"天地不仁，以万物为刍狗"的真正意思是：天地看万物和那个丢掉的草狗一样，并没有对人特别好，对其他的万物特别差。而人类之所以对其他万物差，是因为人的主观和自私的观念。

天地只是自然，不刻意存在，无目的运转。这种自然，就是自然而然。

人也应该依从自然的状态，顺其自然，随缘而安，该怎么生活就怎么生活，该干什么就干什么。

事情发展到一定程度，每个人自然就会知道应该怎么应对，如果无法达到理想状态，如何退而求其次；事情还不明朗，也别杞人忧天、庸人自扰。这就是顺其自然、随遇而安。

不强求，能知足。这就是人生所追求的最高境界，若真能如此，内心就会安然，外在就会和谐。

（二）独立思考，做人适度

老子说：

大道废，有仁义；

智慧出，有大伪；

六亲不和，有孝慈；

国家昏乱，有忠臣。

道，在此指一种准则。当社会的公德、公正等被废弃，才有所谓的"仁义"产生。这一观念充分阐述了老子的辩证思想：当整个社会大道兴盛时，人们的行为准则自然而然是仁义这些东西，故没有倡导仁义的必要。而某种道德行为的倡导、表彰，原因正是这个社会缺乏它（譬如今天对所谓无私精神的倡导与表彰，对不以权谋私、贪污腐化者的表彰，都是由于在现实中这类东西太少的缘故）。否则，每个人都是这样，就不需加以特别赞扬和崇尚了。

这是一种比较公认的解读，下面还有几种不同的解释：①

社会的公正被废弃了，才有所谓"仁义"存在；出现了聪明智慧，才产生严重的虚伪；有家庭纠纷，才有所谓的孝慈；国家陷于混乱，才显出所谓忠臣。（解读1）

有失必有得也是自然界的对立法则：废弃了自然法则的研究，就会有仁义的产生；一旦弘扬了人类的智能，虚伪狡诈也会随之产生；正由于存在六亲之间关系不融洽的现象，才产生了尊老爱幼的孝道，才崇尚其慈悲心；正是因为有国家的混乱，才产生了忠贞守节之臣。（解读2）

大道被废弃了，才有提倡仁义的需要；聪明智巧的现象出现了，伪诈才盛行一时；家庭出现了纠纷，才能显示出孝与慈；国家陷于混乱，才能见出忠臣。（解读3）

大道荒废，社会风气败坏，才会提倡"仁"、"义"；智巧、权谋盛行，虚伪、欺诈才会产生；家庭不和，伦理败坏，才会显现出孝慈的重要；国家混乱，才显出忠臣的作用。（解读4）

古文中的正解：

为者无功。

有无之相生，难易之相成。夫彰仁义则有废于道，明智慧则教伪于世，举孝悌则乱亲于民，榜忠贤则昏政于国。纷扰既起，安之能止？

———————————

① 新浪博空，http://blog.sina.com.cn/skysky128.

故，以道治国者，为之于无为，教之于不言，常使民顺天自然。是以，标之于绝礼弃智，绝仁弃义，绝巧弃利；本之于现素抱朴，少私寡欲。

夫无为之世，无所仁义，无所真伪，无所孝逆，无所忠奸。而莫不治者，谓之为之于未有，治之于未乱也。是谓解脱其纷。

这段古文的意思是：

有为是不会有真正成就的。

有和无相生，难和易相成，相反的事物总是一起的；为了得到正面而生出负面，怎么算是完善？彰显仁义就把大道废弃了，明晓智慧教会了世人伪诈，举荐孝廉必然意味着百姓亲情丧乱，标榜忠贤说明国家政治昏暗，把纷扰搅动起来，又怎么能够阻止负面的必然出现？

仔细订正与辨析后，我们发现：通行本"绝圣弃智"今依据帛书订为"绝礼弃智"。

逻辑上讲，圣人本身韬晦，维护大道敛藏大德，而非不祸乱天下，是修行所在，而不是绝弃目标。

后文有注解"夫礼者，忠信之薄而乱之始也；前识者，道之华而愚之首也"，由此，"礼"、"智"才是绝弃目标。

古金文字体"圣"与"礼"形近，故而易讹谬。

帛书本作"大伪出，有智慧"，似乎"大道废，有仁义；大伪出，有智慧；六亲不和，有孝慈；国家昏乱，有忠臣"排布工整，象征"世衰"。今则按通行本订作"智慧出，有大伪"。

二者的描述，从社会现象并存的内涵这方面看，实际上是一致的，没有分歧。然而《道德经》主张"绝礼弃智"、"不以智治国"，故而叙说逻辑上应以"智慧出，有大伪"为佳。

况且，社会现象上"智慧"不但较"大伪"明显，而且"智慧出"是"大道废"的重要标志，是"大伪"的始源。

再如后文"人多智，奇物滋起；法令滋彰，盗贼多有""民之难治，以其智多"等都体现了"智慧"生"大伪"的逻辑。

　　所以，本章可以从两方面理解：一是它的直接内容，即指出由于君上失德，大道废弃，需要提倡仁义以挽颓风，是老子对当时病态社会的种种现象加以描述。二是表现了相反相成的辩证法思想，老子把辩证法思想应用于社会，分析了智慧与虚伪、孝慈与家庭纠纷、国家混乱与忠臣等，都存在着对立统一的关系。国家大治、六亲和顺，就显不出忠臣孝子；只有六亲不和、国家昏乱，才需要提倡孝和忠，这也是相互依属的关系。

　　这也就是说，当全社会对某种德行开始大力提倡和表彰，正是由于社会特别欠缺这种德行的缘故。

　　而"信不足焉，有不信焉"的意思，是认为社会上出现的仁义、大伪、孝慈、忠臣等，都是由于君上失德所致。

　　至德之世，大道兴隆，仁义行于其中，人皆有仁义，所以仁义看不出来，也就有倡导仁义的必要。及至大道废弃，人们开始崇尚仁义，试图以仁义挽颓风，此时，社会已经是不纯厚了。

　　在这里，老子把辩证法运用于社会治理中，他指出：仁义与大道废、大伪与智慧出、孝慈与六亲不和、忠臣与国家昏乱，形似相反，实则相成，老子揭示了它们之间的对立统一关系，表达了相当丰富的辩证思想。

　　现代社会的领导治理大企业，如同治国一样，我们把老子的思想应用在当今，就能从中看出古人的智慧。

　　大道废，有仁义。智慧出，有大伪。

　　大道：合乎自然规律的治身之道和治国之道。

　　仁义：仁爱和正义，是人类最美好的思想品德。

　　智慧：人类特有的辨析判断和发明创造的能力，也是区别于兽类的主要标志。

　　老子是体道圣人，深明矛盾的对立转化规律，矛盾的双方是互相对立、互相依存的，只强调一个方面，矛盾必然会向其相反的方面转化。

　　脱离了大道而强调仁义，就会出现不仁不义；脱离了大道而强调智慧，阴谋诡计就会相伴而生。

人们赞美仁义，渴求智慧，是因为身处大道废弛、社会纷乱、人性贪婪的时代。如果社会本身就是至纯至朴的，人人都是真善美的化身，仁义、智慧还有谁会强调呢？就像一个身体健康的人，他不会去感激良医；不是痛不欲生，他不会渴求杜冷丁；一个内心世界丰富的人，用不着寻求外来刺激。

这里，老子所要说明的是，舍大道而强调仁义、智慧，是舍本取末、背道而驰。仁义、智慧虽不失为一付治世良药，但它治标不治本，再说，有良药出现，就会有假药降生。假药可查，假仁假义则不易识破。

强调仁义、智慧的作用，是站在"有"的层面上的说法，是不懂得辩证法的精髓，关键是没有体"无"。

老子之所以谈道论德，是希望或者要求人们树立合乎道的思想观念，通过自身实践把握世界的本质规律，用来指导人们正确处理人与自然之间、人与人之间以及自我与真我之间的矛盾。

六亲不和，有孝慈。国家昏乱，有忠臣。

孝慈和忠臣，都是受人们尊敬的。家庭需要孝慈，国家需要忠臣，然而孝慈和忠臣的背后却是家庭不和、奸臣当道，这又是人们所不愿看到的。

昏乱，是说先有昏君而后有国乱。治国和治家，道理是一样的，都应该从根本上解决问题。不改变传统的价值观念，不端正人的道德意识，只强调孝慈和忠臣的作用，"六亲不和"、"国家昏乱"的现象就永远不会改变。

以上四句是提出问题，针对仁义和智慧、孝慈和忠臣的负面效用进行了分析，指出强调仁义、大伪出现、六亲不和、国家昏乱的现象，都是大道废弛的结果。

社会和人往往是这样，越是缺乏什么就越标榜什么，那些看起来表面美好的东西，背后的真相可能恰恰相反。所以，看人看事千万别看表面，要透过现象看本质，要有独立思考的能力。

欲望不是不可以有，但是别过分。如果过度，人的能力、时间精力、机遇都有限，就会活得很累、很苦。

况且"水满则溢，月满则亏"，过度了反而会适得其反，得不偿失。

（三）眼光长远，顺逆皆宜

所谓"祸兮福所倚，福兮祸所伏"，一切事情放长远了看，都会"不一定"，好的不一定好，坏的不一定坏，所谓"塞翁失马，焉知非福"。

如果能看到这点，处顺境就不会得意，而始终怀有危机意识；处逆境就不会沉沦，而是努力寻求转机。

于是不利因素就能降到最低，有利因素就能保持长久，这就是现代企业领导的眼光长远，顺逆皆宜。

（四）和光同尘，与时舒卷，戢鳞潜翼，思属风云

这段文字出自《晋书·宣帝纪论》，意思理解就是：与光合二为一，化为俗世的尘土一般，随着时代的变化而施展自己的才能；像鱼儿一样收敛鳞甲，像鸟儿一样收起翅膀，随着形势的变化伺机而动，以图后事。

以此来告诉现代企业家们，应该顺应时势，注意风云变幻，根据时代变化来施展自己的抱负。

大多数现代人都熟读《三国》，在三国这场政治游戏中，最成功的玩家，还得数司马懿。在政治游戏中，他这种"笑到最后"的"等待策略"，的确不同凡响。在三国这段历史中，司马懿是一位最了不起的靠耐性、权谋、机智、残忍去夺得胜利的大赢家。[①]

司马懿是个很有"能耐"的人，既有能力，又有不同寻常的耐力。他甚至在小字辈面前，在曹爽这种不堪一击的"鼠辈"面前都能等待，也善于忍耐，做到忍辱负重，装疯卖傻，要我干什么都行，但是最后我要达到目的。还是那句话：谁笑到最后，谁笑得最好。我不着急笑，但是我要最后笑，最后笑的肯定是我，这就是司马懿。

除掉了曹爽，司马懿就可以为所欲为了。魏主曹芳封司马懿为丞相，加九锡，相当于曹操在汉献帝时的地位，并令司马懿父子三人同领国事。

---

① 天涯论坛，bbs.tianya.com/post-107-515939-4.shtml.

这时司马懿达到了事业的高峰。过了两年，他就老死了。小说中写司马懿之死，写得很简单。临死时他对两个儿子说："人皆以吾有异志，吾何敢焉？吾死之后，汝二人善事主人，勿生他意，负我清名。但有违者，乃大不孝之人也！"（卷二十二《战徐塘吴魏交兵》）他嘱咐他的儿子：我死了以后，你们千万不要叛变，不要篡权，一定要守住自己的位置。

司马师、司马昭没有辜负他的嘱咐，遵守了诺言，到头也没有篡权。虽然说"司马昭之心路人皆知"，但知归知，他到底没有篡权。

不过，到了司马懿的孙子司马炎，就顾不了这么多了，到底还是逼魏元帝曹奂禅位，自己登上皇帝的宝座，建立了晋王朝。

晋王朝之所以能够得天下，最后三分天下归一统，魏、蜀、吴三国争半天，让晋朝最后得了天下，全靠司马懿的功劳。

总起来看，司马懿的确是一个心怀叵测而又善于掩饰的人。《晋书·宣帝纪论》称赞他："和光同尘，与时舒卷，戢鳞潜翼，思属风云。"在中国古代最具危险性的继承接班的政治游戏中，他一直能够游刃有余，在魏国历事四主三朝，虽然几次外放冷落，几次褫夺兵权，但总能在政治风波中化险为夷，"咸鱼翻身"，最终身居高位，居于权力的顶峰。应该说，司马懿不愧是三国末期最出色的政治家。

后人在评价司马懿的时候，经常拿他和曹操做对比，认为司马懿跟曹操很相似，或者说司马懿跟曹操是一类人。有人甚至认为曹操和司马懿这两个人都太无耻了，男子汉大丈夫，居然凭借自己手中的权力，欺负人家孤儿寡母。

司马懿在魏朝而曹操在汉朝，外表上看大抵相同，人臣之地位极矣，权术之运用极矣。但仔细研究会发现，两个人的性格还是有很大区别的，简单地说，曹操比较狠，司马懿比较阴。

在《三国演义》小说中，曹操叱咤风云，敢作敢为，什么事情都拿得起放得下。他没有半点畏惧顾虑之心，不怕别人说他好，也不怕别人说他坏，反正我就是我，我就是这样，我爱做什么就做什么，我想干什么就干

什么，谁也拦不住我，谁也挡不住我。他根本不在乎别人怎么看、怎么想，恣意行事，挥洒自如。曹操有这种一往无前、勇往直前的气魄，无论是英雄的气魄也好，奸雄的气魄也好，反正他具有这种气魄，像火一样地燃烧感染着所有的人。

而司马懿不一样，如果也用一个比喻，他就像水一样，即使淹了你也淹得一点感觉都没有。被火烧，能有感觉，被水淹却没感觉，因为水是阴柔的。看见火，谁也不敢往前扑；看见水，那就没准了，夏天一热，谁都想往水里潜。所以，虽然"水火无情"，但水比火更危险，或者说危险更隐蔽。

《老子》一书讲柔弱胜刚强，认为："天下莫柔弱于水，而攻坚强者莫之能胜，其无以易之。弱之胜强，柔之胜刚，天下莫不知，莫能行。"司马懿这样的人就像水一样，善于以柔克刚。这里隐含着中国哲学上很深奥的道理。

司马懿胸怀大志，但居心叵测，极善于掩饰自己，你根本猜不透他。他总是想要达到某种目的，但为了达到这个目的，他可以一忍再忍，一等再等，一点儿也不着急，等得你都没有耐性了，等得你都等不住了，他最后一刀就能把你杀掉。

这就是司马懿。所以，司马懿再怎么被贬，再怎么不受重视，再怎么被击败，他从不担心，从不害怕，从不畏惧。因为他知道自己能等，自己能忍，能等到最后，忍到最后——当然也笑到最后。

可以说，曹操基本上属于一种自我膨胀的人格，司马懿基本上属于一种自我内敛的人格，这在现代企业的领导人中非常典型。

如果说曹操是那种很热情、很张扬的人，那么司马懿就是那种很冷静、很沉稳的人。曹操因为自我膨胀，性格中的优点和缺点都格外地突出，所以我们能感受到他是真实的、完整的人，我们能够理解他、能够看透他。而司马懿因为自我内敛，从内到外都似乎很一致，对我们来说，他就更像一种影子、一种概念，虽然能给我们留下很深的印象，但是他难以被看透，也难以被理解。

曹操和司马懿这两个人都在政治疆场上驰骋，但两个人驰骋的方式完全不一样：一个是用不断进取扩张的方式驰骋于政治疆场，一个是用不断退隐的方式驰骋于政治疆场。

但是，最后成为三国历史上最大赢家的，恰恰就是司马懿。因为他善于等待，善于等到瓜熟蒂落的时候摘胜利果实，对诸葛亮是这样，对魏朝政权更是这样，想得的都得到了。

所以，在三国这场政治游戏中，最成功的玩家，还是司马懿。在政治游戏中，他这种"笑到最后"的"等待策略"，的确不同凡响。在三国这段历史中，司马懿是一位最了不起的靠耐性、权谋、机智、残忍去夺得胜利的最大赢家。

老子主张"不敢为天下先"，因为"木秀于林，风必摧之"，也就是现代社会的流行语"枪打出头鸟"。

做人应该像水一样，要有极大的可塑性。因为水性柔而能变形，在海洋中是海洋之形，在江河中是江河之形，在杯盘中是杯盘之形，在瓶罐中是瓶罐之形。

和光同尘，首先要有宽大包容的胸怀，老子所谓"江海所以能为百谷王者，以其善下之"，这就是常说的"海纳百川，有容乃大"。

然后是承认和接纳人、事、物的差异性，世间万物本就千姿百态，世间事本就各种各样，每一个人也都有每一个人的活法。

最后是对任何事都要做好一个平衡，"和"说到底就是平衡，无论是处世和还是心中和。平衡需要的是综合把握各个方面，做好其中的权衡取舍和合理安排。

二、孙子做事之术

（一）谋事在人，深谋远虑

《孙子兵法·计篇》："多算胜，少算不胜。"

　　谋事在人，在任何情况下都始终保持积极的心态，都始终坚信自己是命运的主人，才会把命运牢牢地掌握在自己的手中。

　　人的一生和企业的命运，很多时候就像是在大海上航行，在出发前，有所准备总会是好的。哪怕是只准备一张粗略的航海图和一个简易的罗盘，都要比毫无准备地驶入茫茫大海强得多。

　　深谋远虑，看清自己的未来，不要急功近利，做好功课，我们才会更有信心和能力去面对挑战。

（二）果断决策，抓住时机

　　《孙子兵法·势篇》有云："凡战者，以正合，以奇胜。"

　　拥有睿智的头脑不如拥有果断的决策能力。如果一个人，一个董事会原本做了决定，但在听到自己朋友或者同事们的反对意见时，就开始犹豫动摇、举棋不定，那么很可能一事无成。

　　机会对每一个人都是平等的，它经常藏在看来并不重要的生活琐事中，让那些不善于发现的人失之交臂。就像在漫漫的长夜里等待黎明一样，太阳总是在最黑暗的时刻才升起。迅速抓住机遇，才能够做事成功。

（三）快速制胜，先发制人

　　《孙子兵法·作战篇》："兵贵速，不贵久。"

　　想要比别人快一步，就必须先于别人一步，先于别人一分。只有做到了先于人，才能在人生的道路上不至于摔倒。

　　先于别人，就是要跳出惯有的思维习惯，大胆地去创新，想别人所不想，干别人所不干的。

　　创新能力是一个人动态而实用的能力。当今大数据时代，知识更新一日千里，信息日新月异，需要不断地学习，不断地创造。

（四）审时度势，攻守兼备

　　《孙子兵法·形篇》："不可胜者，守也；可胜者，攻也。守则不足，攻则有余。"

　　能胜则攻，不能胜则守，留得青山在，不怕没柴烧，是军事战争中立于不败之地、战胜敌人的基本条件之一。

其实，人生和经营企业也是这样的，不利的作战环境相当于人生的逆境，相当于人生出现的危机。要想克服这些困难，就要学会在逆境中生存，懂得化危机为转机，学会以退为进的生存之法。

"治大企如烹小鲜"这句话现在经常被引用，这个说法显然源自"治大国，若烹小鲜"这句古话。而这句古话的出处，则是老子《道德经》的第六十章："治大国，若烹小鲜。"

汉初《毛诗故训传》里面对老子这句名言进行了这样的解读："烹鱼烦则碎，治民烦则散，知烹鱼则知治民。"

我们可以了解到"小鲜"的意思并不通指所有的菜肴，而是专指一种食材，就是鱼。

而《毛诗故训传》中的解读按今天的说法就是：下锅烹煎小鱼儿不能老翻动，否则小鱼儿就全弄碎了；管理百姓如果老折腾着搞运动，老百姓就会离心离德。

从某种意义上说，这个解读强调了"维稳"、"不扰民"的重要性。

实际上，老子的"治大国，若烹小鲜。"意思远比《毛诗故训传》的解读更加丰富。

因为，烹饪鱼需要注意的不仅仅是"碎"一个问题，对于如何去除鱼的腥气，彰显出鱼的鲜美有着许多不可忽视的讲究：除了不要随意翻动之外，还要注意不能煮得太咸，也不能煮得太淡；既不能操之过急，也不能怠慢；油盐酱醋都要恰到好处；火候也要适当等。

对于"掌勺者"而言，这不仅在专业能力上提出了很高要求，更在工作态度上给出了严格的标准。

既然"烹小鲜"的意思不仅限于碎不碎，"治大国"所要做的当然也不止于"不扰民"。

2013 年 3 月 19 日，习近平主席在对俄罗斯、坦桑尼亚、南非、刚果共和国进行国事访问并出席金砖国家领导人第五次会晤前夕接受采访时，

针对治理国家之道时提出，老百姓的衣食住行，社会的日常运行，国家机器的正常运转，执政党的建设管理，都有大量工作要做。

对我来讲，人民把我放在这样的工作岗位上，就要始终把人民放在心中最高的位置，牢记人民重托，牢记责任重于泰山，要有"如履薄冰，如临深渊"的自觉，要有"治大国如烹小鲜"的态度，丝毫不敢懈怠，丝毫不敢马虎，必须夙夜在公、勤勉工作。

不能不说，习主席对"治大国如烹小鲜"进行这样的意思解读，实在是非常的准确。

注意到习近平主席的话中用了两个"丝毫"："丝毫不敢懈怠，丝毫不敢马虎。"

这两个"丝毫"，意味着不论是"治大国"还是"烹小鲜"，在任何细节上如果有所遗漏，都可能功败垂成。

在"烹小鲜"，这样遗漏细节的差错会导致"小鲜"味道大跌；在"治大国"如果出现这样的遗漏，后果可就难料了，会导致全国性的大灾大难都说不定。

将"治大国如烹小鲜"转译为"治大企如烹小鲜"，也就是说，要成为一个成功的企业家，必须要像好厨师"烹小鲜"那样管理自己的企业。

参照习主席的上述解读，我们可以理解为这个说法是对企业的管理者在个人能力和工作态度等许多方面提出要求，不仅要专业、要负责、要兢兢业业，还要有科学的态度和工作方法，能准确把握好原则，不莽撞、不消极，做好政策决定；还要有较高的德行和修养，甚至要有和谐的家庭环境，才能管好企业，使企业能够持续发展，员工也能够安于本分。而尤为值得强调的，就是"治企"一定要从细节入手，要具备能够抓住细节的能力。

"细节决定成败"是当今的流行语，在竞争中求生存、求发展的现代社会，如果能够捕捉到并且把握好竞争对手所忽视的细节，往往能让一个企业在竞争中脱颖而出，下面这个现实生活中的例子就能够很清晰地诠释这一点。

江南某市有个茶楼，规模大而且价格高，但所处位置不好，属于该市非常偏僻地段。以常理而论，这个茶楼的生意好不了，是赔本的买卖。然而，就是这个又贵又偏僻的茶楼，自开张到如今，许多年过去了，每天生意爆满，生意旺得出人意料，旺得让人眼红。

于是就不断有人跟风，也在附近做起了茶楼生意，但所有这些跟风的茶楼都是一开张就惨淡经营，关的关，停的停，没有一家能坚持下去的。业务相同、地点相近，成败居然有这么强烈的反差，许多现代经营管理的专家都无法解释这一现象。

出来打破这家茶楼成功谜团的是一个风水师，按照他的说法，这家茶楼地点虽偏，但当地的地形恰似一只装财宝的大口袋，而茶楼本身正好处于口袋底部，所以财源滚滚都往这里流，而且流进来就不会再出去了。

更巧的是，茶楼前面的路也是两头高，中间低，形似量米的"搓斗儿"，正好用来源源不断地往袋子里装米，而米又可以象征财，就这样，这家茶楼的位置是既有装财的口袋，又有往口袋里搂财的"搓斗儿"，想不发财都难。

除了地形以外，这位风水师还从其他角度对这家茶楼进行了分析，并且每一个角度的分析结论都是好的，什么"八运房"、"丁财两旺"、"满局贵人"等，全是吉祥话。

而这家茶楼周边其他茶楼的风水，按他的说法就是与这家茶楼相比"正所谓分金差一线，富贵不相见，状元地与绝地，火坑与珠宝的分界"，简直吓死人。

在科学昌明的今天，一个风水师的话语属于可以"姑妄听之"，没必要"姑妄信之"的言论。

之所以认为是这位风水师打破了这家茶楼生意兴隆的谜团，原因是这位风水师的话虽然没有什么科学根据，但即使是在今天这个时代，也依然有太多的中国人相信这些东西，而在并不一定相信这些东西的人当中，绝大多数人凡事也都喜欢图个吉利。

正因如此，这家茶楼因风水而"吉地"一旦为人所知，无论是朋友聚会也好，洽谈生意合作也好，或者是其他什么事情需要找个茶馆坐坐，不管信不信风水那一套，都愿意选择去这家茶馆了，因为对他们来说，甭管真的假的，选个吉祥地方总是好过去"绝地"，跳"火坑"对吧。

所以，不管是有意为之，还是"瞎猫撞上死耗子"，这家茶楼超越邻近茶楼的秘诀，就在于抓住了很容易被现代经营管理专家忽视的细节——相当多的茶客相信风水，即使是不相信风水的茶客也都更愿意图个吉利。

在所有条件都几乎完全相等的情况下，就是这样一个细节，决定了成败。

如果觉得说服力不够，下面这个国外的例子可能更有说服力：

个人电脑开始火起来应该起于20世纪80年代末。当时产销个人微电脑的企业有几个，但真正火爆起来成为巨头的是 IBM 公司。专家们将 IBM 的产品与其竞争对手的同类产品进行了详尽的对比，结果令他们非常不解，因为他们最终发现 IBM 的产品并没有什么优势可言，因而没有道理 IBM 的销售业绩比竞争对手们强这么多啊。

解开这个谜团的是一位营销专家，而他给出的答案令所有人都大跌眼镜：IBM 的成功原因是该公司要求所有销售人员工作时都必须穿纯白颜色的衬衣。就是这么简单。

这位营销专家是这样解释他的结论的：

（1）消费者更愿意从外形上看上去社会阶层与自己更接近的人那里购买；

（2）个人微电脑的主要消费群体是白领阶层；

（3）没有比白色衬衣的衣领更接近"白领"阶层……

IBM 的成功，就得益于这样一个细节！无独有偶，在西方发达国家，很多统计数据都被用来帮助人们把握这样的细节，比如说，如果一个企业要求职工统一着装，效果是企业效率自动提高5%；穿灰色西装出庭的律师胜率最高……

由此可见，这样的道理不仅适用于"大企"，而且，对于任何企业的领导人而言，无论你的企业是刚刚创业，还是正在发展当中，抑或是需要保持领先，掌握好"烹小鲜"这样的法门，都会让你在成功的道路上走得更远。

而对于一个真正有掌握"烹小鲜"法门意愿的企业家来说，就必须有修身、齐家、治企、平天下的修养和志向。

第八节

和谐共赢

"士"以"治国平天下"为自己的最高志向。

"治国"的意思好懂，但"平天下"的意思却有人会误解，而且误解得荒腔走板，说"平天下"就是"要扫平天下"，也就是征服世界的意思。

征服世界的野心啊！在历史上确实有些这样的人物，比如说欧洲古代的亚历山大大帝、恺撒大帝…… 近代史上的拿破仑等，而与我们中国能关联的乃至整个亚洲，大概只有一个人可以做到——成吉思汗。

中国传统文化中"平天下"的思想境界，实在与那种可以用狂妄形容的野心风马牛不相及。

而且完全相反：是说要天下太平。

很明显要和平不要战争才是"平天下"的主旨，怎么可能为此去征服世界那么夸张呢？

举世和平，应该说是中国传统文化中所有主要思想流派共同的追求。

例如以"老庄"为代表的道家思想是中国传统文化极其重要的组成部分。

其中《老子》一书，在全世界销量仅次于基督教的《圣经》，高居全球第二位，可以说是中华传统文化在世界范围最具影响力的经典。

而《老子》第七十七章的相关文字在今天看来，很适合作为商界领袖的标准：

"天之道，其犹张弓欤？高者抑之，下者举之；有馀者损之，不足者

补之。

天之道，损有馀而补不足。人之道，则不然，损不足以奉有馀。孰能有馀以奉天下，唯有道者。

是以圣人为而不恃，功成而不处，其不欲见贤。"

将以上文字译成白话，大概的意思是：

自然的规律，不是很像张弓射箭吗？弦拉高了就把它压低一些，低了就把它举高一些，拉得过满了就把它放松一些，拉得不足了就把它补充一些。

自然的规律，是减少有余的补给不足的。可是社会的法则却不是这样，要减少不足的，以奉献给有余的人。

那么，谁能够减少有余的，以补给天下人的不足呢？只有有道的人才可以做到。

因此，有道的圣人这才有所作为而不占有，有所成就而不居功。他不愿意显示自己的贤能。

老子这段文字中所谓"圣人"，实际上指的就是达到中国古代"士"的至高境界的人物。

老子这番言论中关于如何通过"损益"分配社会资源的理论分析，很明显是在通过"天之道"教诲世人，让世人从中领会怎样才能让世界和谐的道理。

老子的理想，得到了中国历史上"士"的阶层广泛响应，纷纷为自己所处的时代谋求"均平"之策，为扶贫抑富发声，主张政府必须干预社会资源的分配。他们的论述从重本抑末、阻遏商业资本的扩张，盐、铁、酒的官营专卖，到均田、限田打击土地兼并，均平赋税负担等，不胜枚举。

同时，其中很多言论也从不同角度具体详细阐述发挥了老子的观点：

比如儒家孔子就这样说："均无贫，和无寡，安无倾。"（《论语·季氏》）意思是说：若是财富平均，便无所谓贫穷；境内和平团结，便不会觉得人少；境内平安，国家便不会倾危。引申解释就是人类社会只有公平分配财富，才能维护稳定。如果贫富悬殊则必然矛盾激化，终成祸乱之源。这个说法，应该可以理解为人类社会发展应该以"天之道"取代"人之道"的理由。

东汉王充认为"富商之家，必夺贫室之财"（《论衡》），这个意思比较浅显，就不必多解释了。

唐代陆贽论述称："天下之物有限，富室之积无涯。养一人而费百人之资，则百人之食不得不乏；富一家而倾千家之产，则千家之业不得不空。"（《论兼并之家私敛重于公税》）

这段文字也比较浅显，对贫富不均如何危害社会谈得非常具体。

明代方孝孺称："富者益富，贫者益贫，二者皆乱之本。"（《逊志斋集·与友人论井田书》）指出贫富分化必然导致乱世。

清代龚自珍比方孝孺的说法又进了一步，认为贫富分化总是由最初的"小不相齐，渐至大不相齐；大不相齐，即至丧天下"。

意思是贫富分化会由小变大，等大到一定地步，就要导致"丧天下"的灾难了。并进一步指出"千万载治乱兴亡之数，直以是券矣"。（出自龚自珍《平均篇》）

意思是要想保持国家稳定，必须要防止贫富分化。

综合上述观点，其一，社会财富总量有限，少部分人财富的极度膨胀，必然致使大多数人陷入贫困。其二，贫富差距的扩大，最终一定导致社会的崩溃。

再分析老子这段文字中所说的"人之道"，也就是人类社会的普通法则，其内容简单来说就是弱肉强食，而在中国上千年历史发展过程中，大多数普通商人的生意经也都是以这个法则为准，所以才会有"无商不奸"的说法。

如果说这一社会法则通过商人的行为已经在扩大社会财富分配不均，那么官商勾结由于能够连商人之间的竞争也消灭殆尽，因而能够千百倍地为原本就在扩大的社会财富分配不均加速，其结果是使社会在短时间内迅

速崩溃。

这样的事例在中国共产党 1949 年新中国成立以前包括蒋介石政权在内的历朝历代层出不穷，而且历史上每一次政权更替几乎毫无例外地终因于此。

正是由于这个原因，明代大清官海瑞特别憎恶以大贪官严嵩父子为代表的贪官污吏集团，痛骂这个本该成为以天下为己任的社会精英人物群体，却变得寡廉鲜耻，利欲熏心，贪腐无度，使百姓陷入绝境，使国家也因而落到了崩溃的边缘。

显然，"人之道"从任何意义上说对社会都是危险的，所以，为了国家的稳定，为了天下太平，让"天之道"取代"人之道"而引导社会运转，确实很有必要。对现实社会而言，尤其是对官场和商场而言，中国传统文化的这些优秀传统，就更加值得圈内人学习和自省。

从古至今，中国历史上出现过无数的清官。

从古至今，中国历史上也出现过诸多流芳百世的商界巨子。

他们的行为方式与普通商人以及贪官污吏的大不相同之处，在于他们不管是有意无意，都表现出他们在相当程度上具备"有德者"的品质，"能有馀以奉天下"，而不追求弱肉强食。

换做今天的说法，他们因为自己的人生追求已经达到了以社会"共赢"为目标的最高境界，所以大得人心，因而为官者能够得享"青天"的美名。而经商者也大多成为一时无两的商界领袖人物。

在现代商业社会，"双赢"、"共赢"的理念已经深入人心，不具备这种理念，行事"为富不仁"的人即使在世俗眼里再成功、再有钱也不可能成为真正意义的社会精英人物。

而《老子》中的这段文字所提及的"有德者"与"圣人"的行事方式，为我们恰如其分地指明了"士"要实现"治国平天下"的理想所必备的社会责任感，同时也明确了真正的社会精英所必须的行为标准。

所以，生活在今天的中国人，不管自己是从事什么职业，都应该以中国传统文化中"士"的精神为榜样，努力把自己打造成新时代国家真正需要的国际精英。

只有靠大家一起努力，我们才可能为自己创造一个和谐"共赢"的社会环境，国家才会大治，天下才会太平。

第四章

治企篇

第一节

商界领袖①

　　所谓"小成于术，大成于道"，就是说一个人要取得一些小的成功，或许诺于某些手段和计谋就可以做到，但要取得大的成就，就必须符合道义才行，要靠道义普泽天下。

一、唯有正确做人，方能正确做事

　　"取得非凡的商业成就，原因不过是在企业经营中，彻底贯彻了经营的原理原则而已"。

　　所谓的原理原则是"贯彻做人的正确的准则"。

　　做出经营判断的时候，需要扪心自问："作为人，何谓正确？"并坚持把作为人应该做的正确的事情以正确的方式贯彻到底。

---

　　① 张立平. 从稻盛和夫的成功看东方传统文化所蕴藏的智慧［J］. 神州，2012（27）.

明确事业的目的意义，付出不亚于任何人的努力，以关怀之心诚实处事，保持乐观向上的态度、抱着梦想和希望、以坦诚之心处世等，这些无不是建立在正确做人的基础之上的。

这与中国古代先贤所认同的"欲做事，先做人"，"修身、齐家、治国、平天下"的修学次第是一脉相承的。事实证明，唯有正确做人，才能正确做事。

顶级经营哲学的创立更深层面的原因是基于对释、儒、道东方传统文化的坚定信仰。

东方的传统文化的实质是教育人如何做人、如何做事的一种社会教育。世界其他国家喜欢和信仰东方传统文化的人逐渐多起来，被追逐现实物质利益的国人所抛弃的优秀传统文化，在这些富有远见卓识的异域人士看来，却是无价之宝。

在这个宇宙间，流淌着促使万物进化发展的"气"或"意志"。

人的本性中充满着"爱、真诚与和谐"。

所谓"爱"，就是祈愿他人好；所谓"真诚"，就是为社会、为世人尽力；所谓"和谐"，就是不仅让自己也要让别人生活幸福。

这是对佛家"因果循环、慈悲济世"、儒家"敬天爱人"以及"道"（自然规律）等东方传统文化思想的正确理解。

正是因为有这样坚定的信仰，才会想到"立足于宇宙的本源以及人心的本源来开展经营活动"，即开展利他、爱人的事业，在对众人的奉献中，使企业得到持续成长。

事实上，只有利他、奉献，对社会有益者，才会被社会所需要，也就具备了基业长青的基础；如果缺乏整体意识和大局观念，不择手段地去牟取私利，不能对社会做有益的奉献，这样的个体或组织在社会与自然中，就如人体中的癌细胞一样，又怎能融于社会大众、自然规律。

二、后其身而身先，忘其身而身存

明确事业的目的意义——树立光明正大的、符合大义名分的、崇高的事业目的。

将"追求全体员工物、心两面的幸福，同时为社会的进步发展做出贡献"作为企业的经营理念。

倡导经营者超脱私心，为员工和社会利益考虑，归根结底是要求经营者扩大自己的心量，要志存高远，不断提升思想道德水平，符合"道"的标准。

这样做有什么好处呢？如果我们的思想和行为符合自然规律的"道"（从无我利他出发），才会有"德"（为大义名分无私奉献），而有德，才能聚拢人才，拥有人脉，开拓市场，获得财富。能善用财富（济世利人），才会体现出作为人的价值。

对此，《大学》中说得很清楚："是故君子先慎乎德；有德此有人，有人此有土，有土此有财，有财此有用。"当经营者一旦超脱私心，具备了为社会谋福利，为员工物、心两面的幸福殚精竭虑、倾尽全力的光明正大的事业目的，不仅能激发员工内心的共鸣，产生必须持续努力工作的欲望，对企业予以长时间、全方位的协助，也使经营者有了足够的底气，可以堂堂正正、不受任何牵制，全身心地投入经营中，并能得到社会各界的信任和支持。

老子云："后其身而身先，忘其身而身存。放下小我，才能成就大我。"

三、生财有大道——欲广财源应崇德行善，力行布施

古人为什么重视德育？因为他们认为德为本，财为末，国不应以利为利，而应以义为利，只有以道德为根，才能长、养出甘美无害的财富的花果；德如器，财如水，有德才能贮存财富，无德，纵有再多财富，也会流失殆尽。

古人云："道德传家，十代以上；耕读传家次之；诗书传家又次之；富贵传家，不过三代。"

为什么呢？如果缺少勤劳正直、遵纪守法、艰苦奋斗、谦虚谨慎等美德的支撑，财富是非常难守易散的。

佛教在介绍宇宙人生的真相时，也谈到了生财之道，明确表示"财从布施中来"。

曾经种下布施之因，方能收获财富之果。

稻盛先生的经历也再次证明了这一点：当经营者放下自我，全身心地为社会、为员工去付出、去奉献，这就是布施。心量越广大，能为越多的人考虑，便会赢得越多的优秀员工追随，且真心拥戴和帮助他成就一番事业，如此，他的事业就会越成功，获得的财富也会越多。

而拥有财富，又能善用财富（布施为众人），则是继续播下财富的种子，果能如此，财富就会像活水一样，常流常新，源源不断，形成一个良性循环。

"百金财富必是百金人物，千金财富必定是千金人物"。含着"银匙"出生的人是有的，但既生于富贵之家，自有其因缘，须知天上是不会白白掉馅饼的。

对绝大多数的普通人来说，要想收获，必先播种，并辛勤耕耘，如果我们能像稻盛一样，尽心尽力地做好工作，无私奉献思利他，就是为将来积德行善和修福，命运必有改善的一天。

如果浑浑噩噩，不能尽忠职守，甚至动歪脑筋，贪占企业或他人的便宜，只能是为将来种下贫穷、不幸的种子。

而对于拥有财富者，佛教认为，这些财富也不是坚固的、永久的。"财为五家共有：一水，洪水冲毁；二火，不慎而招致火灾，或是因战乱而毁失；三官府，罚没充公；四盗贼，为贼偷窃；五败家子，挥霍一空"。岂止是财富，其他任何东西也都只是为我所用，而非为我所有，没有谁能永远抓得住它。

"仁者以财发身，不仁者以身发财"。这是东方优秀的传统文化早就总结出来的宝贵经验。明白财富的本质，以正当手段取之，富裕之后，能善用财富，才是智者所为。

第二节

百年基业①

一、左右人生的两股力量

第一股力量是命运。人们带着各自的命运来到世上，而且在不知命运如何的情况下被命运牵引或催促着度过一生。也许有人持有不同观点，但命运的存在是毋庸置疑的事实。

人确实受某种力量支配着，它不受个人的意志或思想所左右。它不顾人类的喜怒哀乐，像奔流不息的大河，贯穿着我们的一生，一刻也不停地把我们带向大海。

那么，人类在命运面前无能为力吗？并非如此。因为，还有另外一只从根本上掌控人生的无形巨手，即"因果报应的法则"。

简言之，善有善报，恶有恶报。所谓善因产生善果，恶因产生恶果，这是原因和结果直接相关的简单明快的"陈规"。

发生在我们身上的一切一定有其必然的原因。

它不是别的，就是自己的思想和行为。所有这些思想和行为成为原因，产生结果。

你现在在想什么，在做什么，这些都是原因，必然导致某种结果。而且，对这个结果的反应又转变为导致下一个结果的原因，因果定律无限的

---

① 左右人生的两股力量 [EB/OL]．天涯论坛，bbs.tianya.cn/post-nool-513610-1.shtml.

循环又是支配我们人生的天意。

"内心不渴望的东西就不可能靠近自己",即人生如其心中所想,这也是基于因果报应法则的。因为我们的所思、所做都成为种子,带来相应的现实结果。

磨砺、提高心智的重要性,这也是根据因果定律,高尚的善心必将带来美好的人生。

命运和因果定律,这两大原理支配着每一个人的人生。命运是经线,因果报应则是纬线,经线和纬线织成我们人生这块布。

人生并不能完全被命运所掌控,是因为因果定律的力量在发挥作用。但是,善行并不一定带来善果,是因为命运的干扰。

重要的是,因果报应法则的力量比命运稍微强大一些。

掌握人生的这两个力量之间也存在力学关系,因果定律的力量略微超过命运的力量。

所以,即使是与生俱来的命运,我们能够通过利用因果报应的法则加以改变。

因此,思善事,做善事,就能将命运引向美好。人类一方面受命运的支配,另一方面通过自己的善事善行改变命运。

二、命运掌握在自己手中

命运不是宿命,能够通过因果报应的法则而改变——这是通过中国古典名著《阴骘(zhi)集》总结出来的。

《阴骘集》汇编于明代,书中介绍了袁了凡这个历史人物的相关故事。

袁了凡出生于医术世家,早年丧父,由母亲一手养育。

在继承祖业学习医学的少年时期,有位老者突然来访,告知:"我是研究《易经》的,顺应天命来传授易学精髓的。"并对其母亲说:"也许你想让你儿子成为医生,但是,他不会走这条路的。恐怕过一段时间以后,他将接受科举考试,成为一名官吏。"并一一预言了该少年的命运。

例如，除了几岁参加什么考试，在多少人中以第几名的成绩考取之外，还有年纪轻轻就任职地方府官，非常有出息以及婚后不能育子，53岁时死亡等。

在这之后，了凡的人生全部与预言所说的一样。

当上地方府官的了凡造访一位赫赫有名的长老，和长老一起盘腿打坐。

此时，他万念皆空，非常了不起，所以，长老非常感动，问道："你打禅时没有一点私心杂念，非常好。你在哪里修行过？"了凡介绍了自己没有任何修行的经历，还告诉他自己少年时曾经遇到老者的事。

"我走过的人生和老者所说的完全一样。不久我将在53岁时死去，这也是我的命运吧。所以，我现在没有任何烦恼。"

但是，长老听到这里大声呵斥了凡："我还以为你是因果年纪轻轻就达到醒悟境界的人物，其实你是一个大白痴。难道你的人生就是顺从命运吗？命运虽是上苍赐予的。但绝对不是不可改变的。如果思善事、做善事，那么，你今后的人生就能够超越命运并向更好的方向转变。"

长老解释了因果报应的法则。了凡认真听取了长老的话，而且，从那以后，他不做恶事、积累善行。

结果，被预言不能生孩子的他也有了自己的孩子，寿命也大大超过预言的年龄，终其天寿。

上天决定的命运也可以通过自己的力量改变。不断思善事、做善事，因果报应的法则就能发挥作用，就能度过一个比命运好得多的美好人生。

但是，在现实生活中，相信天命、相信因果报应法则的人不多，更多的人认为这是非科学的而付之一笑。

根据近代科学，这都属于迷信的范畴，因果报应也只不过像在道德教育方面，哄小孩似的说成"做坏事遭报应"。当然，凭现在的科学水平无法证明这只看不见的手的存在。

如果做好事以后即刻表现出好的结果，也许人们会坚信不疑。但是，某个原因即刻导致，某种结果的事情几乎没有，并不一定今天做了好事明

日就有好报。

而且，像 1 + 1 = 2 那样，产生结果 B 的原因一定是 A，但因果关系很少以如此明确的方式表现出来。

为什么呢？正如刚才讲的那样，命运和因果报应的法则是互相交织着支配着我们的人生。它们相互影响。

比如，在命运恶劣事情，即使做了一点好事，微小的善行被强势的命运抵消，不能带来好结果。同样，在命运极佳时期，即使做了一点坏事，也不会因为一点恶因就造成恶果——这样的事情经常发生。

三、少安勿躁，因果一定有报

因果报应法则难以被人看清并轻易相信，是因为人们只用很短的时间衡量和判断事物。

思想、言行作为结果表现出来还需要相应的时间，在两三年这个短暂的时间单位里难以看出结果。

但是，如果用 20 年、30 年的长时间跨度看，原因和结果是非常吻合的。

如果用 30 年、40 年的时间跨度来看，几乎所有的人都在各自的人生中得到了与日常言行和生活态度相吻合的因果报应。

长远看，诚恳地不吝惜善行的人不会永远时运不济，而懒惰、敷衍了事的人不可能荣华一世。

确实，做了坏事的人也许会小人得势，而努力做善事的人也许会一时命运不济，人生低迷。但随着时间的推移，这些将慢慢得到修正，终将得到与各自言行或生活态度一致的结果，逐步趋于与此人相称的境遇。

原因和结果是如此可以用等号连接，真是令人惊讶。短期不一定如此，而长远角度看，善因通向善果，恶因招致恶果，因果关系非常符合逻辑。

中国明代的《菜根谭》中写道："行善而不见其益，犹如草里冬瓜，自行暗长。"

即使行善后的回报没有马上表现出来，那也是好比草丛中的冬瓜一样，即使人眼看不见，它也依然会苗壮成长。

因果报应需要时间。牢记这句话，不要为暂时没有好的结果而焦躁，每日孜孜不倦、一心一意积累善行，最终一定会有好结果的。

四、专注才能成功

从小学到中学，从高中到大学，听了无数次"中国传统文化源远流长、博大精深"的道理，但依然读不懂这句话；从孔子的《论语》到屈原的《离骚》，我们诵了无数次的"三人行，必有吾师"，也吟了无数次"路漫漫其修远兮，吾将上下而求索"，但依然我行我素。

其实，很多人对中国传统文化的博大精深是无感的，对中国历史的了解大都停留在初中和高中教科书的水平，上大学或毕业工作后，若非选择与史实文学相关的专业，仅有的历史知识估计已经渐渐淡忘，谈起历史也不知所以然，更何况其对现实的意义。

也许我们还记得，高中历史书说商鞅冒着生命危险从魏国来到秦国推行变法，并协助秦王建立了封建中央集权的政治制度，他渴望被赏识的心和他变法成功的成就无疑是伟大的，但现实生活中，这一切与我又有何关系呢？仅仅是历史事件本身而已嘛？

对于传统文化，商鞅的变法和鲁班的工匠精神令人深思。

五、商鞅变法的现实意义[①]

马云曾在浙商总会上发表的重要演讲中也涉及了改革的问题。

他说道："今天有许多人说企业活得痛苦，这些痛苦是什么概念呢？是越来越走向市场化。

一方面是全球经济的下滑，另一方面是因为你的组织文化和体制在过去10年还可以活得不错，但在未来10年，越来越走向市场经济的时候，

---

① 变革与工匠精神 当创业遇上传统文化 [EB/OL]. 新派天津，tj.sina.com.cn，2016-02-25.

机制文化和人才、组织不适应的话，就会死得很惨。

我们经常考虑和讨论的，就是什么样的组织、什么样的文化和什么样的人才，才是未来10年公司发展所需要的。"

他还说："转型是一定有代价的，就像拔牙一样，一定会痛，但是这个痛你不治理就会天天痛，但又不至于死人，却让人死去活来。

因此，改革带来的阵痛，大家要有心理的准备和容忍度，要扛得住。互联网的排名每天都在变，BAT也是如此，我们每天都在担心。"

其实改革"疼"与否是不需要我们过多言语，但过程一定是痛苦的，是冒着危险的。

商鞅变法、改革开放时期的各种事件，都是需要我们认真翻阅学习的。

而早在秦国时期，商鞅变法的成功的确有很多值得我们借鉴的地方。

我们来简单说说商鞅变法为什么会成功吧!

首先，秦孝公是下定决心要改革变法的，并为此颁布了求贤令。

其次，商鞅在魏国不受重视、不被重用、不被赏识，所以施展才华的理想化为泡影，而在看到秦始皇的求贤令后便决定离开魏国西行入秦，并向秦孝公进言"强国之术"受到了秦王的赏识，开始实行变法。

最后，由于变法触及了旧贵族的利益，为了推行新法，商鞅严惩大批权贵，其中包括太子的师傅公子虔和公孙贾，也因此得罪了太子驷，以致商鞅在秦孝公死后惨遭车裂之祸。

我们不分析商鞅变法对后世产生的积极和消极意义，只分析变法本身，我们会发现，想改革，首先你要有改革的决心；其次你要有决心推行改革的人，这很重要；最后改革本身会涉及太多人利益，一定是有众多人反对的，且有所牺牲。

尽管弄清楚了这些问题，但改革依然很难，难在执行。通过这些，你至少明白了这些方法论，也清楚了它的难点，也许这就是历史、史实的重要意义吧!

六、鲁班与工匠精神①

什么叫"工匠精神",有人说:"工匠精神是指工匠对自己的产品精雕细琢,精益求精的精神理念。"

很显然,它是一种理念。

而在现阶段大众创业、泛滥创业的时代,很多人都喜欢以"工匠精神"自诩,以勉励自己脚踏实地、勇往直前,更为专注、谨慎、耐心和精益求精,以至于在大众面前才显得更为独特和饱含情怀。

近几年,"工匠精神"的流行源于锤子科技 CEO 罗永浩讲了一个关于情怀的故事。

锤子以"工匠精神"作为公司、产品的文化,并以此自勉,也为此在努力,尽管在生产手机的过程中饱受挫折和折磨,但依然没有放弃,而是一步步地解决问题,这是值得我们肯定的。

然而,回到"工匠精神"本身,很多人说"工匠精神"的代表人物是英国航海钟发明者——约翰·哈里森。

哈里森费时 40 余年,先后造出了五台航海钟,其中以 1759 年完工的"哈氏 4 号"最为突出,航行了 64 天,只慢了 5 秒,远比法案规定的最小误差(2 分钟)还少,完美解决了航海经度定位问题。

但在 16 世纪 70 年代之前,神舟大地就有了一个叫作"鲁班"的人。

他的精神依然值得我们称赞,他也应该是"工匠精神"伟大的代表人物之一。

我认为鲁班的"工匠精神"源于他一生在木工领域的发明创造,以及卓越贡献。

他一生除了发明推动人类进步的锯和石磨,还有许许多多伟大的发明创造,他曾发明了一系列木工用具,如刨子、钻、铲、凿子、墨斗和曲尺

---

① 变革与工匠精神 当创业遇上传统文化 [EB/OL]. 新派天津, tj.sina.com.cn, 2016-02-25.

等，而最为著名的发明便是"锯"和"碾米工具"。

七、关于"锯"①

有一年，鲁班奉王命建造一座规模宏大的宫殿，建设这座宫殿需要很多木料，鲁班吩咐徒弟们上山砍伐树木，但由于没有锯，砍伐效率很低，尽管起早贪黑，木料依然供不应求。

于是，有一天鲁班上山察看伐木情况，在上山的路上他的手指不小心被路旁的野草划破了，鲁班很纳闷，一根小草怎么能把长满老茧的手划破，于是他摘下一片，细细研究后才发现两边布满细齿的叶片非常锋利，像一把锋利的刀子。

鲁班大受启发，心想如果把伐木工具的刃口做成齿状，不是同样会很锋利吗？于是，他模拟竹叶的齿状，找了几位铁匠用铁片制作了"锯"刀，"锯"也就这样诞生了，它大大提高了伐木的速度，使原本半年才能完成的工作，一个月便能完成。

一个工具、一个产品的诞生似乎并不需要你聪明绝顶，只需要你对生活足够重视和善于观察生活即可。

八、关于"碾米工具"②

鲁班的另一个发明——"碾米工具"亦是如此，有一次鲁班在隔壁邻居家做木工活，发现邻居用一种叫作"杵臼"的碾米工具舂米，这种装置相对比较费时、费力。

鲁班决心要解决这道难题，想改造舂米方式，使其变得更加简单、省力。

于是，观察了"杵臼"的工作原理后，分析出"杵臼"的弊端在于它是上下运动的，操作时需要高抬手臂，向下用力，时间长了肯定会腰酸背

---

①② 变革与工匠精神　当创业遇上传统文化 [EB/OL]. 新派天津，tj.sina.com.cn，2016-02-25.

疼。

另外操作这种装置，必须细致，还需把握方向和分寸，故只能由人来做。

于是，针对其弊端，鲁班深入老百姓的日常生活，经过几个月的刻苦研究，他终于发明了一种更为简单和便捷的碾米工具。

当今时代，这种深入民间调研，善于观察、思考的精神，正是千千万万创业者所缺乏的，在互联网发达的创业时代，我们逐渐失去的正是这种所谓的"工匠精神"，于是才有越来越多的创业者想去找回这股精神。

某日在《创业邦》杂志上看到了一篇关于"毒舌电影"的文章，内容负责人陈植雄是一位跟我们一样普通的创业者，但据《创业邦》报道，2016年1月20日，凭借对内容的偏执和坚持，凭借对用户的负责和职业化运营，毒舌电影粉丝突破了100万人，每篇推文的阅读量都超过10多万，文章打开率达35%，并在春节前完成了首轮融资，估值超过1亿元。

每谈到"工匠精神"的时候，我们也总喜欢以马化腾打造企鹅帝国和李彦宏打造百度做比喻。

2014年11月，当陈植雄等几个人决定辞职创业，专门运营微信号的时候，"毒舌电影"才5万余粉丝，没有收入，没有投资方。除了埋头写作，并无他法。

但现在看来，对于一个做内容的生意来说，前期没钱真是极好的。

陈植雄觉得正是那段苦日子的磨炼，才造就了他们必须把文章写好的信念。

没有捷径便是最好的捷径。

这逼迫着他们把内容做到了极致，逼迫他们一切以用户为中心，这是唯一的活路，也是最体面的活法。

在当今时代，很多创业者总是说，自己如何如何专注、如何如何追求精益求精的精神，而殊不知，你的投入连人家的1/1000都不到，于是有的人成功了，有的人失败了。

当然，罗永浩也是含着"工匠精神"白手起家出来创业的人，尽管总被"骂"，但其依然活得很好，依然在坚持，前段时间出来开发布会的时候还向雷布斯道歉，做手机难，坚持"工匠精神"更难，自己头发也白了，这就是代价。

回归到历史本身，回归到中国的传统文化，我们一直在思考，历史教会了我们什么？中国的传统对现实有何借鉴意义？

唐太宗给出这样的答案，"夫以铜为镜，可以正衣冠；以古为镜，可以知兴替；以人为镜，可以明得失"。

了解历史的经验，让自己少走些弯路，了解古人是如何将改革和工匠精神坚持到底的，了解他们坚持到底的过程，也许我们真的会相信传统文化精髓的积极意义。

因为它的的确确在影响一代又一代的年轻人，而我们如果能早些领略其深刻内涵和道理，也许我们能获得更多的主动和话语权。

但凡是在商业市场上取得成就的人都是深谙中国传统文化的。

老子"功成身退"、"无为而治"、"祸兮福之所倚、福兮祸之所伏"的思想。

孙武"知己知彼、百战不殆"、"兵贵速，不贵久"、"出其不意，攻其不备"的思想。在当代的成功者身上我们都能追踪到他们的踪迹，日本的企业家不也在学习中国的"孙子兵法"吗？我们有什么理由不学习呢？

九、孔子的坚持[①]

一个人一辈子可能要从事很多工作，如果要自主选择，每人都会从不同价值角度作出适合自己的选择，比如收入、福利、提升空间等。

孔子一辈子也换过很多工作，我们看看孔子是依据什么来选择工作的。

孔子说自己三十而立，所以三十岁之前他做过一些工作，主要是养家

---

① 张俊生. 孔子的择业观 [EB/OL]. 精英博客，blog.vol.com.cn，2012-12-27.

糊口。

三十岁后他的工作变化才能代表他的价值取向。

孔子三十而立的"志"是要终生行"仁"，使这个乱糟糟的社会恢复到西周的国泰民安。

但是他虽然学问日进，却没有什么平台施展自己抱负。他只能采取曲线救国，创办私人学院，为国家培养一批人才，以教育救国。

他作为教育家的业绩非常突出，创造了好多"中国第一"，比如第一个办私学；第一个让平民受教育，倡导"有教无类"；第一个由私学向许多国家输送了大量人才；第一个系统编纂了以前史上所有重要典籍，他"删诗书、定礼乐、序易辞、著春秋"，可以说"诗、书、礼、乐、易、春秋"基本上从他手里筛了一遍。

后人了解孔子前 2500 年的历史几乎都是从这几本书中了解学习的。

所以钱穆先生说："孔子为中国历史上第一大圣人。在孔子以前，中国历史文化当已有 2500 年以上之积累，而孔子集其大成。在孔子以后，中国历史文化又复有 2500 年以上之演进，而孔子开其新统。"

但孔子不甘心一直做个教育家。他看到在鲁国从政无望，35 岁曾经去了齐国，但因为齐相晏婴反对，齐景公终于没用他。47 岁、50 岁时曾经有鲁国家臣阳货、公山不狃邀他做官，他犹豫再三终于没去，因为这些人都是属于"越礼犯上"之徒。这样其实孔子 50 岁前一直是渴望从政却没有机会。直到 51 岁出任鲁国中都宰。

从教学到做官，孔子非常高兴。

孔子高兴的并不是因为做官个人好处多，而是做官可以施展自己的政治抱负。

而他 55 岁辞职时，孔子则非常难过。孔子难过的也不是因为他不做官个人好处少了，而是他失去了在祖国施展政治抱负的平台。

从孔子在鲁国上台到下台，我们可以看出孔子行道之心很切，只要让他有机会行道，他稍微受点委屈也无所谓，但如果他看出完全没有行道的

可能了，也就索性离开，根本不考虑个人的物质利益。

接下来，孔子开始了周游列国 14 年的艰难生活，这是他一辈子身心最备受煎熬的 14 年，可以用"风餐露宿，颠沛流离"描述。

这还不算，其实他最大的痛苦在于 14 年没有一个国家愿意接受他的"仁"政纲领。

他曾经说过："君子无终食之间违仁，造次必于是，颠沛必于是。"（《论语》里仁）

意思是：君子连吃一顿饭的工夫也不能违背仁德，急遽紧迫之时一定要实行仁德，颠沛流离之际一定要实行仁德。

我们无法考证孔子说这句话的背景，也许是他在流亡过程中给自己和他的学生打气的吧，但怎么听那冲天豪气里也散发出一种悲壮！

孔子 68 岁回国，他看到一辈子再不会有机会从政了，就转而安心办"党校"，培养了一大批学生从政，希望借学生完成自己的"以德治国"梦想。

同时，他研读《易经》，编撰诗书礼乐，他要把自己的"仁"融化在他编的书里。

特别是《春秋》，他要把那些历史上的乱臣贼子全部钉在《春秋》里！

所以，孟子说"孔子作《春秋》，乱臣贼子惧"（《孟子》滕文公下）。

总结孔子命运多舛的一生，可以看出，他一生工作变来变去，所有的喜怒哀乐，得意失意其实都是在围绕"仁"，从来没考虑过什么个人利益。

这种自觉以拯救天下为己任，咬定青山不放松，"明知不可为而为之"的精神不就是儒家自强不息、积极奋进的精神吗！

第三节

企业文化①

百年企业，离不开强大的企业文化。

企业文化作为企业的根本所在，是领导者进行企业管理的基础。而作为在特定环境下的存在，企业的文化建设是不可能割裂传统的民族文化的。

任何一种管理都必须适应自己的民族文化土壤和社会文化背景，都必须同自己的民族文化相结合。

因此，传统思想在企业文化中的继承、发扬，对于中国企业的发展是具有重要作用的。

树无根不活，企业文化无根不立。

企业文化的形式，及其内容一定有其历史渊源和路径依赖性。

世界上大凡有生命力的管理思想，都是基于本土文化之上的。

所以，企业文化在建设过程中，一定要重视对原有企业文化中优秀内容的继承和发扬，尤其要继承和发扬企业文化中被证明正确的核心的价值观，这些观念被认为是保证企业长期稳定经营的基础。

同时必须记取：作为一个文明发展古国，历史文化传统有益于今天文化建设之处多矣，把我国博大精深的传统文化中的优秀部分与我国当今的社会主义市场经济结合起来，从而为我国企业进行文化创新奠定坚实的基础。

有人曾说，世界上所有民族中，有三件最可怕的事情：一是科学技术的生产力；二是永不磨灭的犹太精神；三是中华民族的同化力量。

中华民族历经风雨，最终仍然傲然屹立于世界民族之林，这是一种强

---

① 中国传统文化和医院文化［EB/OL］．百度文库，2016–09–15．

大文化融合征服力量。

所以，中国的企业进行文化建设是有资源优势的，如果能够吸收国内外的优秀文化资源尤其是整合传统文化，必将在该领域大放异彩，中国企业发展不可限量。

海南航空董事长师承国学大师南怀瑾，深感"国之兴衰在民之觉悟"，把儒、释、道学的很多行为法则引入了企业。

外界还传说，海南航空中层以上领导会见客人时以佛家手势代替握手礼。

湘财证券则在公司里建设了易学博物馆，八卦、天象成为令大家心灵相通的语言。

企业文化的精神气质可以融合全球，但其表现形式一定是民族文化的具体体现。

中华民族有着五千年的文明历史和优秀的民族文化，其中最具代表性的就是儒、释、道三家。

一、企业文化的作用

（一）导向作用

导向作用即把企业职工个人的目标引导到企业所确定的目标上来。

在激烈的市场竞争中，企业如果没有一个自上而下的统一的目标，很难参与市场角逐，更难在竞争中求得生存与发展。

在一般的管理概念中，为了实现企业的既定目标，需要制定一系列的策略引导员工，而如果有了一个适合的企业文化，职工就会在潜移默化中接受共同的价值理念，形成一股力量向既定的方向努力。

企业文化就是在企业具体的历史环境条件下，将人们的事业心和成功的欲望转化成具体的目标、信条、行为准则，形成企业职工的精神支柱和精神动力，为企业共同的目标而努力，因此优秀的企业文化建立的实质是建立企业内部的动力机制。

这一动力机制的建立，使广大职工了解企业正在为崇高的目标而努力奋斗，这不但可以产生出具有创造性的策略，而且可以使职工勇于为实现企业目标而做出个人牺牲。

（二）凝聚作用

文化是一种极强的凝聚力量。企业文化是一种黏合剂，把各个方面、各个层次的人都团结在本企业文化的周围，对企业产生一种凝聚力和向心力，使职工个人思想和命运与企业的安危紧密联系起来，使他们感到个人的工作、学习、生活等任何事情都离不开企业这个集体，将企业视为自己最为神圣的东西，与企业同甘苦、共命运。

（三）约束作用

作为一个组织，企业常常不得不制定出许多规章制度以保证生产的正常运行，这当然是完全必要的，但即使有了千万条规章制度，也很难规范每个职工的行为。

而企业文化是用一种无形的文化上的约束力量，形成一种行为规范，制约员工的行为，以此弥补规章制度的不足。

它使信念在职工的心理深层成为一种定式，构造出一种响应机制，只要外部诱导信号发生，即可以得到积极的响应，并迅速转化为预期的行为。这就形成了有效的"软约束"，它可以减弱硬约束对职工心理的冲撞，缓解自治心理与被治理现实形成的冲突，削弱由其引起的一种心理抵抗力，从而使企业上下左右达成统一、和谐和默契。

（四）激励作用

企业文化的核心是要创造出共同的价值观念，优秀的企业文化就是要创造出一种人人受重视、受尊重的文化氛围。

良好的文化氛围，往往能产生一种激励机制，使每个成员做出的贡献都会及时得到职工及领导的赞赏和奖励。

（五）辐射作用

企业文化塑造着企业的形象。

优良的企业形象往往是企业成功的标志，包括两个方面：一是内部形象，它可以激发企业职工对本企业的自豪感、责任感和崇高心理；二是外部形象，它能够更深刻地反映出该企业文化的特点及内涵。

二、儒学思想和企业文化

儒学"六术"——仁（爱）、义（杀）、礼（外）、乐（内）、圣（行）、智（明）后来变成了"五行"。

其实管理哲学说到头不外乎这"六术"。

仁，福利、自我实现；

义，忠诚、纪律；

礼，组织、形象；

乐，和谐、交流、舒服；

圣，知行合一；

智，正确决策，用人得当，开发培训。

儒家文化不仅在中华民族的发展史中发挥了重要的作用，而且对世界许多国家和地区的政治、经济、文化、社会也产生了巨大的影响。

美国学者彼得·伯格教授认为："儒家文化展现出了经济的动力。中国移民在世界各地都很成功，尤其是在东南亚，便是个例证。"

日本、韩国等国家的经济和社会的发展，都大大得益于儒家文化。

日本"近代工业之父"涩泽荣一首先将《论语》运用到企业管理。

他开设了"《论语》讲习所"，倡导"论语主义"、"道德经济合一说"、"义利两全说"、"论语加算盘说"，认为"论语中有算盘，算盘中有论语"，即讲道德、信用可以带来物质利益，而在谋利时要讲究道德、信用。

他说："我的经营中虽饱含着辛苦和惨淡，但是由于常遵孔子之教，据《论语》之旨，故使经营获得了成功。"

日本东芝公司总经理土光敏夫，丰田公司创始人丰田佐吉、丰田喜一郎等人都喜欢《论语》，丰田喜一郎还将"天地人知仁勇"作为自己的座右铭。

日立公司创始人小平浪平把儒家的"和"、"诚"列为社训。住友生命的会长新井正明以"其身正，不令而行"为座右铭，松下幸之助则认为，企业家要仁爱惠众，生产出像自来水一样多而便宜的产品以回报社会。

目前在日本，不少企业家把《论语》作为日本工商企业的"圣经"，把其中的思想作为企业经营管理的根本方针。

松下电器公司迄今还在其商业干部学校中，把儒家经典作为商业道德课的教材。

韩国是目前世界上唯一真正祭祀孔子的国家。

每年春秋两季，韩国都要在成均馆的大成殿举行孔子的祭祀典礼，政府派高级官员参加。

韩国成均馆大学安炳周教授认为，儒家思想对韩国的现代化和经济发展起到了促进作用。

他指出："儒家思想对防止现代化发展中产生的私欲、利己主义等不良倾向和社会思想的堕落，可以起到调节作用。因为在价值观方面，儒家文化倡导为别人做牺牲和忘我精神是受到普遍尊重和赞扬的良风美德，这些传统思想正是西方所没有的。"

儒家文化博大精深，内容包罗万象。作为企业文化之根基，儒家文化与企业文化对接主要体现在以下几个基本方面。[①]

（一）天人合一

德国波尔教授指出："儒家的人文主义哲学是与天道哲学相通的，这就是'天人合一'思想，它沟通了人与自然关系中的和谐和顺应。在环境污染和生态平衡遭到严重破坏的情况下，儒家的'天人合一'思想可以避免人类在危险的道路上越走越远。"

所谓"天人合一"有三层意思：一是天人一致，宇宙自然是大天地，

① 以儒学思想为核心，构建企业文化，创建和谐企业 ［EB/OL］. http://max.book118.com.

人则是一个小天地。二是天人相应，或天人相通，是说人和自然在本质上是相通的，故一切人事均应顺乎自然规律，达到人与自然的和谐。老子说："人法地，地法天，天法道，道法自然。"三是重视人文，以人为本。"天人合一"思想，说明了人与自然、人与人、人与周围的一切的关系。

"天人合一"应用于企业文化建设，主要体现在"取诸社会，还之人群"的企业经营哲学。它要求把企业的生产经营活动看作是一个不断满足社会正当需求的过程，而不仅仅是简单制造或销售某种产品的过程。

从企业构想，到商品服务的设计、定价、促销、分销的规划与实施的全过程，不仅要努力满足社会和消费者的正当需求及欲望，并由此获得利润，同时还要求整个经营全过程都要与消费者和全社会的长远利益相符合、相一致。

正确处理企业自身利益与消费者的正当需求和全社会整体利益之间的关系，做到诚信经营，统筹兼顾，求得三者或者多方利益的平衡、统一。

中国的传统儒商就是这方面的典范，儒商精神首先是引道入商的大气魄。即"君子爱财，取之有道"，经商绝不仅是为了赚钱，经商的同时还要有大眼光、大手腕、大气魄，具有大商贾的长远战略目标。就如同《商道》指出的"财上平如水，人中直似衡"，而北京同仁堂历代恪守的"炮制虽繁必不敢省人工品味，虽贵必不敢减物力"传统古训以及"修合无人见存心有天知"的自律意识更是这方面的典范。

（二）天下为公

《礼记·礼运》篇说："大道之行也，天下为公。选贤与能，讲信修睦。故人不独亲其亲，不独子其子，使老有所终，壮有所用，幼有所长，鳏寡孤废疾者皆有所养；男有分，女有归，货恶其弃于地也，不必藏于己；力恶其不出于身也，不必为己。是故谋闭而不兴，盗窃乱贼而不作，故外户而不闭，是谓大同。"这段话清晰地表达了人类期望"天下一家"的共同愿望和追求。

企业固然要赚钱，但更应该提升人类的生存质量，为人类的美好明天而奋斗。其实这在西方诸多大公司已经得到充分体现。

一个企业未必要树立起"为天地立心，为生民立命，为往圣继绝学，为万世开太平"的崇高使命，但不能忘记追求一定要高远。

《论语》说："士不可以不弘毅，任重而道远"就是这个意思。这就要求企业，当自身利益和消费者、社会发生矛盾或冲突时，企业首先考虑和保证的是社会整体利益，其次考虑和保证的是消费者的利益，最后才是企业自身的利益。

这话说起来是很容易的事情，但在具体的利益纷扰中能够主动去做并不容易。

（三）己所不欲，勿施于人

在《论语·卫灵公》中记载，子贡有一次问孔子："有一言而可以终身行之者乎？"孔子曰："其恕乎！己所不欲，勿施于人。"

意思就是自己所不愿意承受的，不要去加在别人头上。

这条原则被认为是道德的底线和黄金律，也就是做人的起码标准。

1998年，全世界100多个宗教组织代表集会发表"普世伦理宣言"，将中国儒家"己所不欲，勿施于人"思想写进宣言。

在社会交往中，一个人应该有这样的意识。在运作企业中也应该有这种观念，现在企业提倡"双赢"其实就是这个思想的引申。

（四）感恩

西方有感恩节，中国自古也不缺乏感恩意识，中国的"滴水之恩，涌泉相报"，"谁言寸草心，报得三春晖"等都与感恩有相通之处。

但中国的感恩意识在伦理本位的社会中太具体、太功利。企业文化的核心是以人为本，做企业实际上是在做人。

人是企业成败的决定性因素。一个无所畏惧、不具有感恩意识的人是不值得信赖的，这样的人组成的公司也是不值得尊敬的。

"君子施恩不图报，知恩不报是小人"，"受人滴水之恩，他日当涌泉相报"，这些都是儒家文化的基本理念。

一个知恩感恩的人，时刻都想着为恩人做点力所能及的事情，而不会做出任何有损于恩人的事情；一个忘恩负义的人，不仅不思感恩、报恩，当个人利益与恩人的利益发生矛盾和冲突时，会不惜损害恩人的利益而保全一己之私，这样的人最不可信、最不可靠！因此，报恩也是人类最基本的品德。

美国前总统罗斯福有一次家中失盗，一位朋友闻讯后写信来安慰他，他在回信中写道："感谢上帝：因为第一，贼偷去的是我的东西，而没有伤害我的生命；第二，贼只偷去我部分东西，而不是全部；第三，最值得庆幸的是，做贼的是他而不是我。"

面对失盗，罗斯福没有怨天尤人，反倒找出了感恩的三条理由，这又是一种怎样的气度和智慧？

蒙牛集团更是把感恩报恩当成做人的原则，它们把每年的感恩节当作一个特别重要的节日对待。

"经营人心是蒙牛的终极目标，而感恩心是蒙牛文化的灵魂。蒙牛举办感恩节的目的是：关注员工的健康，提高生活的质量；营造心灵之间的感动，实现蒙牛人的伟大使命。"牛根生如是说。

什么是中国人最深层的文化呢？那就是一颗真诚的感恩之心。

"以蒙牛事业为己任，不以蒙牛利益为己有"源自对员工的感恩；"提供绿色乳品，传播健康理念"源自对消费者的感恩；"市场在变，诚信永远不变"源自对客户的感恩；"财散人聚，财聚人散"源自对股东的感恩；"关注环保，回报社会"源于对社会的感恩；"98%的品牌是文化，98%的矛盾是误会"源自对蒙牛事业整个价值链条之间的相互感恩。

三、道家理念与企业文化①

马克思主义理论认为："人们自己创造自己的历史，但他们并不是随

---

① 王媛. 道家思想对现代企业文化的影响 [J]. 科技创新导报，2009-04-21.

心所欲地创造，而是在直接碰到的从过去继承下来的条件下创造。"

在《道德经》中也有"执古之道，以御今之有"的说法。中国企业文化建设也是这样。

它应该是在传统文化的基础上进行增值开发，对传统文化进行借鉴，去其糟粕，取其精华。否则企业文化就会失去存在的基础，也就没有生命力。

道家学派的创始人是老子。

老子姓李名耳字聃，楚国人，约与孔子同时，出身于没落贵族。

反映他思想的书为《老子》，又名《道德经》，是战国人编纂的。

道家在战国时期的代表人物是庄周。

道家将"道"视为宇宙之本，而道之本性则是"常无为而无不为"，即"道"对于宇宙万物是"侍之而生而不辞，功成而不有，衣养万物而不为主"。

道家"大道无为，无为而治"的思想对现代企业经营管理有很大的启发。

道家讲究自然，崇尚朴素无为。而这种无为实质上是一种逆向选择，相对应的也就是有为。

所谓无为，并不是指无所事事，无所作为，而是指不乱为，不妄为，要遵照自然规律的要求去作为。

《老子》一书称："上善若水，水善利万物而不争。""以其不争，故天下莫能与之争"，"天下之至柔，驰骋天下之至坚"和"江海所以能为百谷王者，以其善下之"。

成都恩威集团就是在"善利万物"、"柔韧"、"不争"、"处下"等道家理念的基础上确立了"服务社会，造福人类"的博大宗旨。

记得曾仕强在一次讲课中讲到，中国人下象棋都取黑子，以让代争，这其实就是道家文化影响所致，道家是有自己的特点和魅力的。

同时，道家注重生命的反省；让人回归纯朴和安详。

道家的特色是柔，是自然，是无为。

道家针对一切社会弊端进行最深刻的讽刺嘲笑，不主张无谓的争斗，更倾向于虚静。

所有具有道家精神的人，更容易以"出世精神做人，入世精神做事"。

所以有人说，决策管理层的哲学基础应该是道家，像中医一样协调阴阳；整体观、变化观突出，是将人力管理从战略反应转变为战略制定者和执行者的哲学基础，强调从外部、内部的总压力下做出规划。这样的看法是很中肯的。这也是当初胡适劝诫蒋介石无为而治的原因所在。

（一）无为而治，道法自然

"无为"就是不做任何违反自然规律，有损道德规范、违反社会法则、有害众生的事情。

老子曾说"无为而无不为"，意思是说：不妄为，就没有什么事情做不成的。这里，"无为"成为了一种立身处世的态度和方法，"无不为"则是其所产生的效果。

因此，老子所讲的"无为"并不是消极等待，毫无作为，而是"为无为"、"为而不恃"、"为而不争"，即以"无为"的态度去"为"，充分发挥个人的主观能动性。

随着企业生产规模的不断膨胀，部门不断增加，人员不断扩充，企业活动所涉及的层面也越来越广，越来越深，即使再精明能干、智慧不凡的领导者也无法面面俱到、事必躬亲，样样"有为"。

所以，在现代企业管理中，领导者在决策上应"有所为，有所不为"。

这就要求管理者能辨别轻重，分清主次，在有关全局和长远利益的"大事"上有所为，而无关紧要的琐碎"小事"则有所不为。

被誉为日本"经营之神"的松下幸之助回答"你的经营秘诀是什么"时，强调："我并没有什么秘诀，我经营的唯一方法是经常顺应自然的法则去做事。"

松下幸之助的这种管理理念实际上已从另一方面对老子"无为而治，道法自然"一说给予了充分肯定。

企业的发展经历大致可以分为三个明显阶段：第一阶段是企业家亲力亲为；第二阶段是企业家有所为有所不为；第三阶段是企业家无为而治。

第一阶段，企业的规模相对来说比较小，企业管理不是太复杂，企业家加班加点完全可以应付。

第二阶段，企业已经上了一定规模，企业家越来越忙，各种事务性的工作缠身，企业家明显感到精力不够用，在这种情形之下，企业家就要学会有所为有所不为，学会授权。

第三阶段，企业的管理已经比较完善，企业员工队伍也比较有战斗力，企业管理模式已经建立，企业家只需把握好经营方向，而无须为日常琐事操心，企业就进入无为而治的状态。

（二）上善若水，为而不争

老子从世间万物强弱转化之中看到了柔弱的表象后所潜藏的强大的生机，认识到"兵强则灭，木强则折"的道理。

这样的道理给弱势企业在市场竞争中提供了行事准则，弱势企业要想在市场竞争中立于不败之地，必须提高认识，保持良好的心态。

例如，蒙牛创立初期便提出了"第二品牌"的战略，这等于一开始就将其他竞争对手都甩在了脑后，而且又不至于以卵击石。这正是老子所认为的最终要成全事业，必须使自己处于虚曲之处，应当和光同尘、以贱为本、以下为基，如此才能"曲则全"，正如"江海所以能百谷王者，以其善下之，故能为百谷王，终不自为大，故能成其大"。

老子"为而不争"其实是不争之争，贵柔、守柔为的是"柔弱胜刚强"，"天下之至柔，驰骋于天下之至坚"，"柔弱胜刚强"应当是弱势企业的战略目标，即弱势企业应当努力以柔克刚、以弱胜强，战胜自我并战胜竞争对手。

（三）治大国若烹小鲜，不可烦扰

所谓"治大国若烹小鲜"就是说治理一个国家，就像煮小鱼一样。

只有将调味、火候调得适中，文火烹煮，不急躁，不躁动，这样煮出

来的东西，才色鲜味美；如火候不对，调味不对，心情烦躁，下锅后急丁翻动，最后只会是一团糟。所以企业的治理跟煮小鱼一样，不要常常翻弄。

因为一个工厂几十人甚至上万人，如果制度经常更改，工人们就无法适应，大家也就无所适从，不知道该做什么。如果制度稳定，职工就会心情稳定，就会专心于工作，出大成果。所以企业规章、大原则不能变，只能因时间推移，市场演变和大小、软硬环境的改变而做一些小的调整。企业只要一开始抓住了大的原则和方向，制定了大的、基本的规章制度，使企业有了一个正确、基本的运行轨道，在通常情况下，就应当坚持"以不变应万变"。只要基本的东西是正确的、较为完善的，就不要轻易去"搅动"它。

第四节

大胜靠德①

牛根生凭借其过去 10 年的行业经验于 1999 年 1 月开始创业，并成立了蒙牛乳业。

通过 10 多年的努力，蒙牛成为中国首家年销售额超过 300 亿元的乳制品企业。

而牛根生本人自 2005 年起将 80% 的年薪给了员工、产业链上的伙伴及困难人群的资助上，并于 2004 年创立了"老牛基金会"，开始了他的慈善事业。

牛根生之所以成为今天的牛根生，是他认同并实践了他那句座右铭"小胜靠智，大胜靠德"的结果。

而"小胜靠智，大胜靠德"则是一个卓越领导者所拥有的境界与胸怀

---

① 杨宝林. "小胜靠智，大胜靠德"之领导境界 [EB/OL]. 新浪博客，http://blog.sina.com.cn/bernieo.

不可或缺的真正力量源泉。

一个优秀到卓越的企业和团队领导者，需要超越自我的博大胸怀，需要超越自我位置的职业境界，需要包容他人的智慧。而这正好与"小胜靠智，大胜靠德"的核心思想不谋而合。

"小胜靠智，大胜靠德"，出自《世说新语·笺疏》，里面讲道："德成智出，业广惟勤，小胜靠智，大胜靠德。"这句话浅显易懂，却揭示了一个深刻的道理：一个人的成功固然要靠聪明才智，但更重要、更根本的是靠优秀的品德。

然而，在现如今激烈竞争和利益至上的社会大潮中，我们不难看出有很多企业和个人越走越偏。

从三聚氰胺到膨大剂，从塑化剂到无数我们尚未知晓的问题食品与产品，让人们忽然间觉得是那么的困惑。

什么是我们可以安心吃的食品，什么是可放心用的产品？

由此可见，无德之企业家，不可能带出有德之企业；无德之团队领导，难成优秀团队领导；无德之个人，难成企业与社会之栋梁。

有德之人之所以能够取得成功，主要得益于以下几个方面：

（1）有德之人往往志向远大。他们自觉把个人奋斗融入时代发展的潮流，在服务企业、带领团队中施展大智慧、成就大事业。而少德之人往往沉湎于自我设计、自我奋斗，因小气而难成大器。

（2）有德之人往往善于学习。有德之人大多在强烈的责任感、使命感驱使下"干什么、学什么、缺什么、补什么"。及时有效地弥补才能上的一时不足。而有智少德之人常常追名逐利、恃才矜己，将才华用偏用歪。

（3）有德之人往往得道多助。有德之人心胸开阔、待人诚恳、敢于担当、善于包容，拥有更多的朋友和机遇。而有智少德之人常以为自己聪明别人弱智，不懂得尊重别人和改造自己，难以得到大家的支持和配合。

（4）有德之人往往稳中取胜。有德之人在顺境中能够居安思危、戒骄戒躁；在逆境中能够沉着冷静、坦然面对，不随波逐流，不知难而退。而

有智少德之人常常由于品质上的缺陷和心理上的偏差误入歧途甚至中途落马。

境界，反映着生命的品质和价值。

当今社会五光十色，思想多元，一些人或唯物质利益马首是瞻，或把实用主义奉为圭臬，或以及时行乐为人生指南，在他们眼里，"境界"要么百无一用，要么遥不可及。

然而，无视也好，逃避也罢，"境界"始终是我们在职业生涯和人生中难以绕过去的问题。

事实上，每个人都有自己的境界，而境界往往像一只无形的手，影响了甚至左右了职场和人生的结局。"小胜靠智，大胜靠德"，说的就是境界的力量。

哲学家冯友兰先生把人生境界分为四种：自然境界、功利境界、道德境界、天地境界。

学者张世英先生把人的生活境界分为四种：欲求境界、求知境界、道德境界和审美境界。

境界不同，领略的人生风光、享受的精神愉悦是有差异的。要想获得有意义的人生，活出自己的精彩，就要不断提升境界。

超越自我提升境界，是每个优秀管理者必修之课，更是卓越领导者必由之路。

提升境界，必须走出自我、超越自我，"不以物喜，不以己悲"。找对了参照点，就可以准确地把握事物的正反、得失、成败，清醒地把持住自己；找对了支撑点，就能理性地对待人生的荣辱、进退、取舍，在进取中成就和完善自己。

专注事业提升境界。"功贵其久，业贵其专"。人生境界的提升，最需要的是专注。专注于学习，才能学有所得；执着于事业，才会业有所成。

一些人之所以行为庸俗、层次不高，主要是因为心态浮躁、难以静心、不够专注。"才须学也，学须静也"。

汉代学者董仲舒著书立说，"三年不窥园"，心无旁骛，专心致志，终成一代鸿儒。

在人生道路上，专注给人激情、给人定力，让普通走向伟大，让平凡成就卓越。

"泾溪石险人兢慎，终岁不闻倾覆人。却是平流无石处，时时闻说有沉沦"。

自律，贵在一个"慎"字。

慎独，每日三省吾身，真正摒弃不健康思想和杂念，做一个纯粹的人。

慎始，把好"第一次"关口，防止"千里之堤，溃于蚁穴"。

慎终，做到精神支柱不倒，防止晚节不保。

作为一个团队领导或企业的领军人物，要想不断扩大自身的影响力、赢得各级人员的忠心追随、完成企业或团队的战略目标，没有博大胸怀和境界，那么终将功亏一篑！

一、范蠡的经商理念

"小胜靠智，大胜靠德"是东方商学的精髓。

范蠡的经历对今日人们关于理想、抱负、责任，特别是对财富道德、财富伦理等方面有所启示。

范蠡，春秋时期楚国人，是著名的政治家、军事家和经济学家，被后人尊称为"商圣"、"儒商"，是中国道商之鼻祖。

范蠡出身贫贱，但博学多才。因不满当时楚国政治黑暗而投奔越国，辅佐越王勾践。他曾帮助勾践兴越国，灭吴国。功成名就之后，范蠡急流勇退，而后三次经商成巨富，却又三散家财以富民。

范蠡与西施的爱情故事更是为人熟知。传说范蠡与西施一见钟情，然而，国难当头，范蠡选择把西施献给吴王夫差。吴国被灭后，范蠡归隐江湖，与西施浪迹天涯。

范蠡所处的时代距今 2000 多年，那时的社会环境、经济环境，甚至是

价值取向和当今社会都有很大差别。

但是范蠡身上的很多特质与精辟独到的思想，以及他那种大道至简的成功秘诀"小胜靠智，大胜靠德"，至今在海内外华人中散发着诱人的魅力。

越国在经历战争之后跌到谷底，范蠡建议勾践劝农桑，务积谷，不乱民功，不逆天时。先抓经济，继而亲民，稳定社会，从而使百姓得到安定。这即是范蠡强调"大胜靠德"的例证。

财富观是摆在我们面前的迫切命题。为什么现在我们缺乏理想？因为我们追求财富与权力，追求到之后就开始享受、奢靡，何谈理想？

范蠡则不同，范蠡对财富有一种先知先觉的理念，即财富是宝贵的。因为没有财富的支撑，民不能富，国不能强。

范蠡辞去越国上将军后，到了齐国，更名改姓，耕于海畔，几年后积累大量财产。

齐国人仰慕他的贤能，请他做宰相。范蠡感叹道："居家则至千金，居官则至卿相，此布衣之极也。"范蠡将家财分给乡邻，自己选择归隐。

在积累了大量财富之后，范蠡不奢靡、不挥霍，不传于后世子孙，而是用来济民富民，将财富用于公益事业。

他要用自己的财富去利民、富民，这就是范蠡的理想。范蠡是反奢靡、反腐败、反不正之风的代表人物，当下应该呼唤这样务实的政治家、经济学家。

范蠡不单身体力行实践自己的财富观，还著书立说。范蠡在耳顺之年，写下了专著《致富奇术》，它填补了我国财富学术的历史空白。书中提出"贵出贱取"的理论，此为"价值规律"之先河。

此外，范蠡还提出"待乏论"。主张把握商机，候时转物。要准备别人没有的或想不到的货物，这样才能在市场上占据优势。范蠡也认识到"薄利多销"，主张不求暴利，符合中国传统思想中经商求诚信、求义的原则。

范蠡主张商品流通、平抑物价、先富带后富，提出经商要"择人任时"的经济思想具有划时代的开创性意义。

范蠡与民同耕同贾，以自己的智慧巧敬上，以达济民、富民之愿。这位起自青萍之末的寒士，在升至将军之位后，能毅然退出名利场，以出世之心，建立、培植并终生实践了自己的民本思想。可以说，他才是那个政治乱浊、哲思纷纭的时代绝无仅有的清醒者、超前者、无私者、脚踏实地为民谋福造福的大悲悯者。

忠以为国，智以保身；商以致富，成名天下。

二、尊重商规

在我国，自古以来商人都给人一种重利益、轻道德的印象，以至于有了"无商不奸"等说法。

这当然是世人对商业、对商人的一种误解和偏见，但也从一个侧面反映出商人本身的一些问题，比如：对商业信誉的习惯性忽视，对社会责任的漠然，对拉关系、走后门的热衷，等等，这些都是长期以来中国商人固有的弱点。

中国企业往往做不大、做不强、做不好，与这些根深蒂固的弱点有着直接的关系。

随着经济全球化步伐的加快，中国商业与国际商业接轨的要求日益迫切，这使有中国特色的商规得以逐步完善。

今后，只有那些尊重和遵守商规的企业，才有更大的发展空间和更多的发展机遇。

这一点，已经成为中国商业精英们的共识。

所谓的规则，大都是为人际间的交往需要而设立的。作为一名商人，免不了要与形形色色的人打交道，处理方方面面的关系，比如：和客户的关系，和合作伙伴的关系，和员工的关系，和竞争对手的关系，等等。

当然，商人们还要经常处理与社会大众的关系。哪一种关系处理得不好，都会影响企业的发展。

在我国古代，商人位居士、农、工、商的末席，虽然生活比较富裕，社会地位却比较低，长期受到其他阶层的轻视。《韩非子》中有一句话说："故舆人成舆，则欲人之富贵，匠人成棺，则欲人之夭死。"

意思是：造车的人盼人富贵，好买得起他的车，造棺材的人盼人早死，好需要他的棺材。

可见，早在2000多年前，商人就是以一种自私自利的形象出现的。

在我国传统文化中，"义"和"利"往往是对立的。《论语》中说："君子喻于义，小人喻于利。"

商人因为重利的缘故，常被儒家人士视为不义的小人，甚至有了"无商不奸"的说法——这其实是对商人的莫大误解。

据当代人考证，"无商不奸"其实是由"无商不尖"逐渐讹传而来的。两者一字之差，意思却截然相反。

所谓"无商不尖"，说的是古代卖米的商人，在量米的时候通常会用一把戒尺抹平升斗内隆起的米，以保证分量的准足。

钱货两清之后，米商还会佘点米加在米斗上，在米的表面鼓成一撮"尖"。不管做哪一行的，只要是会做生意的商人，都会给顾客加一点"添头"。久而久之，这成了一种习俗，由此有了"无商不尖"的说法。

商家多给了这一点"添头"，看似吃了小亏，但从长远来看，商家仍然是最大的受益者。

因为这一点点米，商家赢得了客户的信任。这种信任感一旦形成，顾客就会再次上门，成为米店的"回头客"。

据《哈佛商业评论》的一项调查结果显示：减少5%的客户流失，利润可提高25%~85%。而另一项研究则表明：开发新客户付出的成本，是维护老客户所付出成本的5倍还多。因此，大量吸引回头客，是做任何生意都离不开的成功法则。

商业史上有一个著名的"水桶理论"，这一理论的提出者是"商业道德"早期的倡导者之一、百货店大王瓦拉美卡。

当时，面对着向他询问致富秘诀的记者，瓦拉美卡是这么说的："财富就如同水桶里的水，你把桶推向别人，水就会涌向你这边；反过来，你把桶拉向自己，水就会涌向另外一边。同样地，你要是想独占利益，利益就会远离你；而如果你乐于和别人分享，那么利益就会不请自来。"

案例 沃尔玛：帮顾客节省每一块钱

商规语录：在商业经营之中，如果只顾眼前的利益，而不从长远利益去谋划，那么，必然会连眼前的利益也失掉。

1962 年，当沃尔顿在家乡本顿维尔市经营第一家超市时，沃尔玛就与"天天平价"这块招牌连在了一起。

沃尔顿立下一条规矩：将一般性管理费用严格控制在销售额的 2% 之内，这一规矩至今仍很少被破坏，对于商人而言，这是非常不易的，但沃尔玛却始终坚持这么做。

沃尔顿曾说过："我们重视每一分钱的价值，因为我们服务的宗旨之一就是帮每一名进店购物的顾客省钱。每当我们省下一块钱，就赢得了顾客的一份信任。"

为此，他要求每位采购人员在采购货品时态度要坚决。他告诫说："你们不是在为商店讨价还价，而是在为顾客讨价还价，我们应该为顾客争取到最好的价钱。"

正因为将采购成本和管理成本都压到了最低，所以沃尔玛才能将"天天平价"这块招牌一直挂到今天。

那么，秉持这一宗旨的沃尔玛，财富有没有不断萎缩呢？

先来看沃尔玛在美国的情况：1974 年，沃尔玛公司在纽约上市，其股票价值在随后的 25 年间翻了 4900 倍。1985 年，美国著名财经杂志《福布斯》把沃尔顿列为全美首富。2008 年 7 月 11 日在美国《财富》杂志公布的 2008 年世界 500 强排行榜中，沃尔玛以 3780 亿美元的年

营业收入超过埃克森美孚，再度跃居榜首。

再来看看下面一组数据：截至 2009 年 5 月，沃尔玛在全球 14 个国家共开设了 7900 家商场，员工总数 210 万人，每周光临沃尔玛的顾客 1.76 亿人次。几十年来沃尔玛一直蒸蒸日上，而且还有不断扩张的趋势，即使在全球经济不景气的情况之下，沃尔玛仍然以良好的速度在增长。

由此可见，企业要发展、要壮大，就必须像沃尔玛那样让利于顾客。

第五节
企业战略

一、正确的择业观

习近平总书记在参加纪念孔子诞辰 2565 周年国际学术研讨会时提到：对传统文化中适合于调理社会关系和鼓励人们向上向善的内容，我们要结合时代条件加以继承和发扬，赋予其新的涵义。

传统文化作为中华民族发展进步、繁荣昌盛的根基，一直将中国这棵大树滋润补养。在经济飞速发展、社会日新月异的今天，也滋生了一些不合时宜甚至偏离轨道的社会现象。

无论是"扶不扶"的思考，还是"猫眼看人"的冷漠，让我们感慨"时间去哪了"的同时，也无数次唾骂道德的缺失。弘扬传统文化，方能让灵魂回归人心。

弘扬传统文化，追根溯源方能古为今用。娱乐新闻价值取向的异化，大学生择业就业价值观的扭曲，城乡人群人生价值观的偏离，经济快速发展对其固然有所影响，而对传统文化的背离、摒弃才是根源。追本才能溯源，固本才能发展。习近平总书记说，不忘本来才能开辟未来。我们不但要把握好传统文化的命脉，更要寻根、铸魂、聚心，汲取精髓、革故鼎新、与时俱进、古为今用，使仁义道德为社会发展搭桥，让治国齐家为国富民强铺路。

弘扬传统文化，众人拾柴方能家和国睦。暴力侵园事件的轮番出现，家庭邻里悲剧的渐次上演，同楼对门不相识的闹剧浮现，人情冷漠的无奈、社会隐疾的悲哀，在于道德的匮乏、良知的缺失、文化价值取向背离。以诚待人才能讲信修睦，以德服人才能共生共存。建立以德立人教育机制，赞扬仁者爱人交流方式，仁、义、礼、智、信，人人敬而从之，才能不必有"时间去哪了"的忧虑，不必有人心浮远的担心，不必有对面不相识的尴尬，不必有摔倒无人扶的悲哀。

弘扬传统文化，以民为本方能官民一体。当为民演化成利己的"暗箱"，大兴土木式的面子工程则上演成部分官员的逢场话剧，城管小贩式的矛盾纠纷则上映没完没了的雷同电影，群众对教育、公平、法治、和谐的呼唤则成为弘扬传统文化"治国、齐家、平天下"的呐喊。古语云，心系家国天下，身传道德文章。为官一任，造福一方，唯有心系黎民百姓、口言仁义道德、身从法治廉洁，才能赢得民心、赢得天下。

罗曼·罗兰说过，要散布阳光到别人心里，首先自己心里要有阳光。

要传承文化道德，首先自己心里有所向往。重拾中华博大精深的传统文化，重树国人积极向上的国民信仰，需要弘扬传统文化，洗涤内心尘埃，净化灵魂焦躁，方可还自身一方净土，与政治一池清泉，给祖国一片蓝天，筑民族一个梦想。

二、传统文化对企业战略的指导意义

战略管理是指组织高层战略决策和策略模式，一直以来在企业活动中占据重要地位。

中国作为一个具有几千年历史的文明古国，传统文化对现代企业的管

理有着直接而深刻的影响，也非常鲜明地体现在战略管理中。考察我国传统文化是如何在战略思维、战略制定和战略变革等方面产生积极或消极的影响，清晰把握在我国文化环境下企业的战略管理方式，可以为企业的战略管理提供借鉴。

（一）文化——传统文化——中国传统文化

1. 文化

国学大师庞朴所言："文化传统是一种惰性力量，它规范着人们的思维方法，支配着人们的行为习俗，控制着人们的情感抒发，左右着人们的审美趣味，规定着人们的价值取向，悬置着人们的终极关怀（灵魂归宿）。而所谓个人的意志自由，在这里其实并没有多少绝对意义，正像肉体超不出皮肤一样，个人意志也超不出文化传统之外。"

2. 传统文化

传统文化是历史的结晶，它并不只是博物馆里的陈列品，而是有着活的生命。

所谓传统，不外是历史上形成的、具有稳定的组织结构和思想要素的、前后相继的、至今仍然影响着人们特定的思维方式、价值观念、审美情趣、道德风尚等深层文化的社会心理及行为习惯。而所谓传统文化，就是受特定文化类型中价值系统的影响，经过长期历史积淀而逐渐形成的、为全民族大多数人所认同的思想和行为方式上的难以移易的心理和行为习惯。

传统文化一方面具有强烈的历史性、遗传性，另一方面又具有鲜活的现实性、变异性，无时无刻不在影响着今天的人，为我们开创新文化提供历史的根据和现实的基础。

因此，传统文化离企业战略管理并不遥远，在现实商业竞争的强劲脉搏里，时时刻刻都能感觉到它的存在。

3. 中国传统文化基本精神

每一个民族内部深藏着表现于共同文化上的共同心理素质，真切地把握每一个民族的文化特征，需要我们在纷繁多彩的文化形态中寻找主色调、主旋律，而中国传统文化博大精深，源远流长，其基本精神是包含着诸多要素的思想体系，"天人合一"、"以人为本"、"贵和尚中"、"刚健有为"是中国传统文化的基本精神。

"天人合一"是中国传统文化的特色命题，强调人与自然的统一，道德理性和自然理性的一致。

世所公认，中国文化具有超越宗教的情感和功能，在中国传统文化中，人是宇宙万物的中心，是恒定万物的尺度。"天人合一"的思想，一方面用"人事"去附会"天命"，另一方面又把主体伦常和情感灌注于"天道"，将其人格化，使其成为主体意识的对象化和外在体现，"天"成了理性和道德的化身。天人之间，人是主导，人是目的，充分体现了"以人为本"的文化精神。

"贵和谐，尚中道"是中国传统文化的基本精神之一。"贵和"思想往往和"尚中"思想联系在一起，儒家认为，实现"和"的理想根本的途径在于保持"中"道。

刚健有为是积极人生态度的最集中的理论概括和价值提炼，《易传》提到"天行健，君子以自强不息"，天体运行，健动不止，生生不已，人的活动乃是效法天，故应刚健有为，自强不息。

反映到企业的战略管理中，中国传统文化的基本精神和价值系统从各个侧面影响着企业商业行为，所以本书将从企业战略管理的角度审视中国传统文化的丰富内涵。

（二）战略管理及其与中国传统文化基本精神的连接点

随着中国加入 WTO、知识经济时代的到来及全球经济一体化步伐的加快，来自国内外日益激烈的市场竞争使得企业机遇与挑战并存，利益与风险同在。

对此，制定正确的经营战略，实施有效的战略管理，关系到企业能否"做强、做大、做久"和永续经营的问题。如今企业已经进入战略制胜的时代，制定与实施行之有效的战略，对企业的生存和发展而言，已经变得

越来越重要。

1954 年，彼得·德鲁克在《管理的实践》中讨论了企业战略的三个基本问题：我们的企业是什么？我们的企业应该是什么？为什么？战略管理是对有关未来的组织方向和范围作出决策和决策的实施。

也就是说，是在企业经营的过程中不断对这三个问题进行思考和解答，其过程可以分为战略制定、战略实施和战略评价三个部分。

1. 我们的企业是什么

战略制定即确定我们的企业是什么，企业战略关注的是"做正确的事"。

战略因其投入资源大和不可逆转的特性决定了一旦企业犯了战略性的错误，要纠正可能需要花上十几年甚至更长的时间，因此，在如今竞争激烈而资源有限的情况下，只有经过取舍，本着"有所为有所不为"的原则将自己的战略定位于最能发挥自己特长与优势的企业才能取得成功。

战略制定包括两个方面：战略分析和战略选择。

战略分析需要对企业使命或愿景进行确定，并且对外部环境和内部资源进行评估。

战略选择需要企业在战略分析的基础上，对几个备选方案以选择的战略"是否充分利用了环境中的机会"和"是否能使企业在竞争中获得优势地位"为标准进行评价，并通过分析其风险来最终确定战略。

我们可以看到，这正体现了中国传统文化中"天人合一"的思想。

《易经·文言》中说："夫大人者，与天地合其德……先天而天弗为，后天而奉天时。"所谓"与天地合其德"，是指人与自然界要相互适应，相互协调，所谓"先天"，即为天之前导，在自然变化未发生之前加以引导；所谓"后天"，即遵循自然的变化规律，从天而动。

"天人协调"是指一方面尊重客观规律，另一方面又注重发挥人的主观能动性。就企业战略管理而言，把握市场动态，确定消费者的需求，再充分了解自身条件，进行战略分析和战略选择，是战略制定的第一步。

2. 我们的企业应该是什么

战略制定和选择说明了企业存在的理由，战略实施就是将战略方案化为实际行动并取得成果的过程。

在制定了战略方案之后，我们需要考虑"我们的企业应该是什么"来保证战略的顺利实施，这需要对公司治理结构、组织结构和资源配置三个重点问题进行考虑，企业通过设立年度目标、配置资源、建立有效的组织结构来保证企业战略的实施。

这需要企业"刚健有为"，战略管理并非纸上谈兵，想要把战略落到实处，将资源有效配置，使员工充分理解战略并将充分的热情投入到战略目标的实现当中，都需要企业有规划力和执行力，做出相应的行动，这种行动不仅是搞什么"运动"或是喊什么"口号"，而是一项系统性的工作。

3. 我们的企业为什么如此

战略管理的任务贯穿于战略的整个形成过程，企业内外部环境的因素处在不断的变化之中，对战略实施反馈回来的实际成效和预期的战略目标进行比较，是企业必须关注的工作。

"为什么"的命题即这种工作的具体实施，战略实施为何和预期目标产生差距？

如果是因为战术确定不佳，就需要对战术进行调整，而如果是因为原来判断失误或是环境发生了意想不到的变化，企业就需要重新审视环境，进行战略调整和变革，灵活地适应不断变化的环境，从而保持或提高其在市场竞争中的地位。

（三）东方企业战略管理体现的中国传统文化

战略管理旨在确定企业下一步"拟做"什么，实际上是对企业内外部环境中的可做、该做、能做、想做、敢做的一种综合权衡的结果，东方企业的战略管理使这种综合权衡充分体现，即中国传统文化。

日本经营大师涩泽荣一提倡的"《论语》加算盘"式经营理念，以儒家思想和道德伦理作为自己的立足点，吸收了西方资本主义经营之道，成功

地实现了经济思想由传统向现代的转化。

正因为对东方儒家文化的继承和再创造，他被看作"儒家资本主义"的代表。当然，用现在的眼光看，涩泽荣一的理论似乎很常见，逻辑体系也不明晰。

但是，他切切实实地影响了日本的历史进程，而且他的经营理念至今仍然有着极大的影响。在一定意义上，涩泽荣一已经成为日本企业经营管理的典范和象征。

许多著名企业家，如日本的石坂泰三、土光敏夫，中国台湾的王永庆、孙法民等，都熟稔中国古代儒家和兵家的著作，并且在企业管理中加以应用。日本的大桥武夫可称为兵家经营学家，他曾将孙子的"先胜而后求战"类比日本商界的古老名言"先卖而后造"。市场竞争就是争夺顾客。所以企业一定要做到"知彼"，必须深刻了解市场顾客需要什么，清醒地认识自身的资源能力，从而制定出切实可行的企业发展战略、计划，采取有成效的措施。这可视为建立在"知彼知己"基础上的"不战而屈人之兵"的全胜战略在企业管理上的一种具体应用。

已故的经营之神松下幸之助亦提到："事业的成功，首先在人和。"

以上仅是一些企业家在战略管理的理念层面对中国传统文化的阐释，若想真正地讨论中国传统文化对企业战略管理的积极和消极影响，还需要我们深刻体察近年来中国企业或是在中国发展的企业的具体战略及其实施与变革。

三、传统文化对企业战略管理的积极影响

（一）企业使命、愿景与价值观在中国传统文化范围中的想象

企业使命是指企业之所以存在的理由与所追求的价值，是企业战略制定的前提，是企业战略的行动基础，纵览那些基业长青的公司，都保持着稳定不变的核心价值观和核心目的，并以此作为核心不变的动力和法则来不断地适应着变化的外部世界，塑造了令人敬仰的企业文化和伟大的事

业。中国企业的使命陈述能看到中国传统文化的精神内涵。

1. 受传统文化影响描述的理想境界

战略是企业关于未来的决策，那么企业使命、愿景则可视为一个长远的战略目标，受中国传统文化影响的企业，在描述其使命愿景时，具有非常鲜明的特色，而将传统理念贯彻得好的企业，也因此受益。

中国移动公司以"成为卓越品质的创造者"为企业使命，自2006年，中国移动作为业界翘楚，强势推出了以"正德厚生，臻于至善"为核心的企业价值体系。"正德厚生"是《尚书·大禹谟》记载的帝舜和大禹在讨论如何治理国家对白中的话。大禹对帝舜说："您时常说'德惟善政，政在养民'，我认为就是正德，利用，厚生，唯和。""臻于至善"典出古代四书中的第一本《大学》。《大学》开宗明义就有这样一句："大学之道，在明德，在亲民，在止于至善。"意思就是，成年人为学的根本在于修明自身，用自己学问的道和德的成就，投向人间，亲身走入人群社会，亲近人民而为之服务，最终达到完美的境界。按照《中庸》的说法，"正德"就是尽人之性，以正人德；尽物之性，以正物德。

结合此价值观，中国移动于2007年发布了我国电信业首份企业责任报告，从经济、社会、环境三个方面阐述了中国移动通信的企业责任观。

报告确定中国移动的责任观为：以天下之至诚而尽己之性、尽人之性、尽物之性，即秉持做优秀企业公民的诚意，以诚信实践承诺，以永不自满、不断创新超越的进取心态精益求精，追求企业与社会的和谐发展。中国传统文化的精髓在中国移动的企业使命中得到生动的体现。

将企业的愿景以富有中国传统文化色彩的语言陈述出来，不但显得有厚度，有韵味，更重要的是能使广大的消费者感到亲切，易于理解，唤起共鸣和好感，这样的愿景或者使命陈述，令企业，也令消费者产生深深的民族自豪感和文化自豪感，由此塑造了企业的良好形象，若是企业的经营行为与陈述相一致，那么也会在消费者心中渐渐占有更高的位置。

2. 受传统文化影响遵循的行为准则

从总体上看，以儒、道两家思想为主干的中国传统文化，是一种伦理本位的文化。

无论是儒家的三纲领八条目，还是道家的修道积德，无不以道德实践为第一要义。

中国受传统文化影响的企业，会在做好经营之前，先立企业之德，这作为一种公司价值观，使三一重工具有非同一般的凝聚力。

2011 年 9 月，《福布斯》中国 400 名富豪榜公布，除梁稳根仍居魁首之外，三一集团总裁唐修国、向文波等 4 人跻身百强、7 人入围，这在《福布斯》中国富豪榜上尚无先例，三一高管团队的凝聚力和梁稳根的魅力可见一斑。

这与三一"先做人，后做事"的价值理念有很大关系，有一个例子可以说明。

1998 年，长安大学副教授李冰接受梁稳根邀请，加盟三一。梁稳根承诺如果李冰能在三一工作满 10 年，将给予重奖。加盟三一后，李冰一心扎进工作，在三一先后主持开发了一系列路机产品，为三一路机发展立下了汗马功劳。但不幸，工作仅 7 年后，李冰在 2005 年因病辞世。

"对于企业来说，必须一诺千金。"梁稳根说。经董事会研究决定，三一仍将一份高达 3500 万元的巨额奖励颁给了李冰家人。

一诺千金，这是梁稳根着力在三一塑造的一种观念。而因为大家都相信跟着董事长会有肉吃，三一公司的核心高管从未被挖角。

中国传统文化总是把人放在一定的伦理政治关系中考察，把个人价值的实现，个体道德精神境界的升进，寄托于整体关系的良性互动。我们可以看到，三一重工"先做人，后做事"的理念使其达到"人和"之境，获得成就。

鲜活的实例说明，中国传统文化语境中的使命表述，更符合国人的道德观和价值观。

一个企业基业长青，无非就是源源不断地创造价值：员工价值与客户价值，中国传统的道德观依然在中国社会中占有崇高的地位，受到提倡。因此，企业遵循传统的道德行为准则，对内可以增强企业凝聚力，对外是对消费者负责任，成为消费者信任的组织，在国内的文化环境下，企业遵循一定的传统道德观念，会赢得良好的口碑。

（二）企业战略选择在中国传统文化影响下的描述

1. 受传统文化影响秉持的自我定位

在中国传统文化中，谦虚、不自满是被持久和广泛地称道的，《尚书·大禹谟》中有说到"满招损，谦受益"；在孔子那里，这是一种为人必须要具备的品格，"三人行，必有我师"；在道家那里，更是一种遵循自然规律所应理解的哲学。这是传统文化在企业用以评价自我的位置时可供挖掘的一笔宝贵财富，海尔可以作为一个典型例子。

海尔在办公大楼前面做了一组雕塑，雕塑的图形来源于《周易》中的"未济"一卦。

周易总共有六十四卦，最后一卦叫"未济"。所谓"未济"就是未成功。海尔人的精神激励，"攀登没有终点的高度"。

海尔领导人张瑞敏深深了解"谦"的含义，海尔在众多人眼中是一个非常成功的企业，然而在张瑞敏看来，"只有时代的企业，没有成功的企业"。

他在"全球睿智领袖精英奖"致辞的时候，提到差不多 9 年前，他偶然从《财富》杂志看到一个忠告，"成功是失败之母"。他说这些年来，他一直把这个封面的照片摆在办公桌上，认为它对激励自己今天能够站在这个会场上有非常大的作用。

早在 1995 年，海尔就已经向美国输入小型电冰箱和冷藏酒柜，1999年，正当很多美国企业到中国建立工厂，充分享受中国廉价的劳动力资源，渗入中国蒸蒸日上的国内市场时，海尔开始在南卡罗莱纳的汉姆顿建设他在北美的第一个家用电器生产基地，该基地是海尔独资企业。

选择美国，意味着海尔面临着强大的竞争对手，选择国际化战略，也

意味着海尔面临更大的挑战。可是海尔高层有着更胜一筹的战略眼光：国际竞争日益激烈，国内市场机会不再像往日那么多，公司采取国际化的脚步越慢，创造国际品牌的角度越慢，被挤出国内市场的可能性就越大。这正体现了我国传统兵家哲学中"围魏救赵"的智慧，也体现了海尔因为"谦"的启示所具备的战略理念。

2. 传统文化提示下的战略方向选择

《道德经》第二十章："五色令人目盲；五音令人耳聋；五味令人口爽；驰骋畋猎，令人心发狂；难得之货，令人行妨。是以圣人为腹不为目。故去彼取此。"

老子的思想没有拒绝多种多样的印象和体验机会，但他强调，我们应当注意到我们真正的需要。

作为一个企业，目标自然是销售出产品，获得利润，然而有时，尽管市场机会很多，企业"想做"的也很多，可需要考虑到自身真正的需要和条件；中国的企业，尤其是刚刚起步的中小企业，受这样的观念的影响，善于从市场的薄弱环节入手，传统文化对战略的选择具有提示的意义。

海尔在进军美国市场初期，采用的就是寻找市场缝隙的战略方法，选择诸如小型冰箱、葡萄酒冷藏柜等大跨国公司不愿插手、容量较小、盈利较低的产品。在这样的细分市场，海尔几乎不会遇到什么大的竞争对手，因此很快就打开了市场。

庄子《庖丁解牛》的故事也向我们讲明了这个道理，庖丁的刀19年没有换，刀刃还像刚刚从磨刀石磨出来的一样，是因为他对牛的结构十分了解，因而总是依照牛的骨架结构，切入牛体筋骨相连的缝隙，顺着骨节间的空处进刀。用"无厚"（锋利的刀刃）入"有间"（筋骨间的缝隙），总是有余裕，怎么会损害到刀呢？善于从缝隙中发展壮大，是海尔的中国智慧。

3. 传统道德连接下的战略联盟

学者研究表明，在合作网络状态下企业之间的交易并不完全是在非人格化的市场中为获得利润进行原子状竞争的一般市场交易关系，而是深深地嵌入在产业甚至整个社会之中的。就资源基础观而言，通过长期的组织合作关系，所形成的企业间特定的联结关系是获取竞争优势的一种关键性资源。

这种关键性资源可能会跨越企业边界，嵌入企业间的常规惯例和程序，从而节省交易时间和费用；而且长期合作关系下产生错综复杂的交互联结，创造出资源私有性与合作对象稀少性，更形成了非产业集群的模仿障碍。

因此，企业之间的互信互利，由于中国传统文化的"义利观"、"信义观"使合作联盟更为牢固，使企业间的连接这种关键性的资源能发挥更为持久的作用。

2013 年，国美联合微软在京举办深化战略合作发布会。会议期间，国美与微软签订推广正版软件合作备忘录，并和电脑厂商签订了 300 万台电脑采购大单，呼吁全社会共同打击盗版。

对此，国美高级副总裁李俊涛表示，国美与供应商开创了零供双方联合打击盗版的新模式，拓展了维护正版的路径，这不仅满足了消费者使用正版软件的需求，而且还有效地保障了软件提供商、零售商和消费者的权益。

这是国美"信"战略的又一体现，以"信"维护各方利益，争得各方的信任。在国美的"信"之道中，明确提出了四个"信"，分别是备受消费者信赖、互信互利互助汇为产业合力、做值得信赖的员工和互信导向的管理。

四信缺一不可，全数遵循则有望达成一种良性循环。国美高级副总裁魏秋立在发布会阐释"信"的意义时表示：所谓"信"，首先，讲成就品质生活，在为消费者提供高品质服务这样一个过程中，体验备受消费者信赖的快乐，这是我们企业永恒的追求。

其次，备受消费者的信赖是需要整个合力的，这就需要和我们的供应商、各类合作伙伴一同建立互信互助互利的合作关系，我们就可以降低合

作成本，更好地在这个平台上整合我们的信息资源、资金资源。通过技术的创新，商业模式的创新，投入更多的精力理解消费者变化的需求，汇聚为产业合力。

最后，"信"也离不开值得信赖的国美员工对"信"字的领悟，我们要在内部强化对于国美的信品、信实、信言、信能这四个方面的严格要求、培训、锻炼，我们叫作锤炼信品，凝聚信识，提升信能，塑造信行，使我们的员工上下同心同德，打造一个值得信赖的国美团队。

国美电器将"信"重新诠释，适应了现代企业运行的环境，赢得了消费者的信赖。

（三）传统谋略思想在竞争战略中的体现

1. 赢得先动优势

目前的杀毒软件中，占市场份额最大的就是奇虎360，从一开始就推出的永久免费策略使其得以迅速抢占市场，放弃一时的利润而将目光聚焦长远，令之后采取免费的瑞星也无法赶上，360因此赢得了先动优势。

"善战者，不待军；善除患者，理于未生；善胜敌者，胜于无形。上战无与战。故争胜与白刃之前者，非良将也；设备于已失之后者，非上圣也"。高明的决策者往往是在战争爆发之前就已经赢得胜利，高明的竞争决策者往往是在战争爆发之前就已经取得优势。360的确在竞争开始之前就已经取得了优势，值得借鉴。

2. 与竞争者的对抗

商业竞争是十分残酷的，要求企业不断地将资源投入到对抗当中，可商业竞争也是无处不在的，在竞争中，直来直去、缺乏策略掩护的行动，成功的概率往往会低很多。

孙子说："兵者，诡道也。故能而示之不能，用而示之不用，近而示之远，远而示之近。"说明竞争战略需要精心设计，需要隐蔽地、间接地攻击。

美国学者曾经指出："事实上，你只要浅层次地接触那些所谓的'强大竞争者'的企业，你就会发现，它们竞争的历史往往就是回避竞争的历史。"因此需要企业善于运用谋略制定竞争战略,从侧面进攻,与竞争者对抗。

3. 战略变革、出奇制胜

企业往往更愿意选择利用自己熟悉和擅长的行动来组织及实施竞争行动,成功的企业管理者,也往往会把行动的范围局限在曾经带来成功的行动类型中。

随着时间的推移,这种倾向必然会带来企业竞争战略的简单化,从而使企业的战略很容易被竞争对手所预测,进而加以模仿和超越,而这是成功的组织由成功走向衰落的重要原因。

孙子说:"凡战者,以正合,以奇胜。"所谓"奇"便是不受经验限制,不按常理出牌,寻求变革。

联想公司最辉煌的战役便是 1995 年的个人电脑之战,在奔腾机刚刚推出的时候,杨元庆放弃了通常采用的"撇脂战略",将价格一降到底,令国外品牌无法反击。如果跟随联想降价,就必然牵连到国际市场,使自身遭受巨大损失;如果不跟随联想降价,那就只能看着联想攻城略地,只能眼睁睁地看着自己的市场落入联想之手。

正因为如此,动态竞争的研究者们警告企业的管理者,要想持续地成功,就必须克服行为的惯性,不断创新,不断破坏现有的优势,推出新的行动,创造新的优势。

迈克尔·波特也强调:"企业要保持竞争优势,必须成为一个不定向的飞靶,在竞争者赶上旧的优势前已发展出新的优点,甚至必须适时放弃现有的优势以成就更高层次的新优势。"

四、合理利用传统文化

虽然中国传统文化博大精深,中国企业在战略管理的过程中也有了一定的利用,但是,对其意义的充分挖掘,国内的企业还做得远远不够,反而在某些时候受到了传统文化中一些消极因素的影响,因此,我们对合理

利用传统文化还需要一定的考虑，具体来说，可以从以下三个方面出发。

（一）挖掘优秀的传统管理思想，并加以发扬

我国文化实践理性的特征在管理思想上的反映之一是重视权变，即不固守规律，而应随环境的变化作相应的调整与改变。在市场经济环境的变化下，经营条件瞬息万变，企业必须保持敏锐的感觉，捕捉每一丝变化，自身做出积极反应，才能在竞争激烈的环境中生存。

重谋略的管理思想则是传统文化的又一精华，筹划谋略是中国智慧的集中体现，《孙子兵法》一书中的谋略一直为古今中外的管理者称道和使用。

目前我国企业的竞争，尤其是部分家电、电子商务的竞争形式比较单一，"价格战"的方式也会令企业陷入困境，因此企业还需要对谋略思想进一步思考。

中国传统管理崇尚"和"的思想。典型表现为中国人重视人际关系，无论是国企、民企、私企还是职工都很注重人际关系，力图形成和谐的环境，这点与现代管理中强调重视人的社会方面不谋而合。

中国管理思想的本质特征是以"人"为本。管理的核心问题就是对人的管理，如何发挥人的主动性、创造性和潜力，始终是西方管理学中的 X 理论否定人的自主精神和创造性，把人看作是企业管理者必须加以组织、控制和监督的对象。

Y 理论虽然倡导人在管理中的中心地位和能动作用，但仍不同于儒家文化熏陶下的管理思想中的"伦理人"。

传统文化中的人被融入家族伦理关系之中，个人的独立存在和发展要服从于这一要求。这样的价值观深深地植根于中国的传统文化中，在中国的企业管理思想中留下了深刻的烙印。

中国管理思想中注重塑造创业者个人形象的使用。通过"店规"、"公司守则"等形式进行传播，有时还举行特定的仪式加以渲染，这样有助于加强企业的向心力和凝聚力。

（二）借鉴外来的优秀管理思想与中国传统文化加以融合

将中国的集体主义和美国的个人主义加以融合并引进。

中国在管理中，过去一直更多地强调集体的作用，包括个人利益服从集体利益，各项工作都要走群众路线，实行集体领导，由集体决策，反对个人冒尖主义。

正是这种集体主义的精神，教育了新中国整整一代人，不计个人得失，不追求个人名利。但同时，在管理上出现了平均主义、"吃大锅饭"等问题，而且这种集体主义还抑制了人的个性，在企业中只重视集体性，而抹杀了人的想象力和创造力，难以形成企业的创造力。

因此，我们应该运用"中庸"的思想，在集体主义和个人主义之间找到一个均衡点，既可以发挥团队精神，分工协作；又可以针对中国人的本位主义，充分调动个人的积极性。

提倡"经营即教育"的思想。经济的竞争，是人才的竞争，发展经济不可以只见物质投入，不见智力投入。

虽然我国一直在讲教育是立国之本，强调教育对于经济发展的重要性，但我国的职业教育一直以来都是薄弱的环节。要改变这一现状，首先要扭转把接受教育仅仅当成谋职生存的"敲门砖"和进入劳动市场的"一次性投资"的教育文化心态。其次，要提倡完善、健全的职工教育制度，通过这种"干到老、学到老，知识更新到老"的思想和职工教育机构，分层次对职工进行培训，使企业的所有职工不断得到充实提高，同时也鼓励员工积极参与到企业的战略制定中来，丰富战略形成的机制。

提倡"内让外争"的思想。中国企业管理者们似乎把精力都放在击败对手上了，总是脱离不了传统竞争就是击败对手的管理思想。我们应该提倡"内让外争"，使中国企业联手进入国际舞台，实现相互补充，相互利用，利益共享与效益循环和共同发展。

借鉴西方的"硬"管理思想，造就中国"软硬结合"的管理思想。中国的管理思想中一直都很重视人，重视"软"管理。但在"硬"管理方面

感到不足。

中国人重人轻法的管理思想缺乏制约性。中国人主张采取"动之以情，晓之以理，章之以法"的精神，这种情理法的次序观并非不讲法，因此我们提倡在积极应用传统文化的同时，也制定具体的制度和指标以保障战略的实施，衡量战略的效果。尤其是在人才战略中，需要以传统文化的力量凝聚人心，也需要制定一定的绩效标准，将西方文化的注重效率应用到战略管理中来。

（三）整合、转型与新生

理论的生命在于创造，传统管理思想必须经过脱胎换骨的改造后才能与市场经济相容。

现代管理是一门创造性非常强的学问，要适应现代竞争的需要，就必须进行多方面的创新，如产品创新、工艺创新、管理创新、营销创新、理念创新、方式创新等，才能在激烈的竞争中求得一席之地。因此，现代管理最需要一种创造精神、创新意识。

我们在发掘中国传统管理思想、弘扬中国传统管理文化的同时，融会贯通中西方管理理念，促进企业管理思想的发展和创新，才能使经济发展和社会进步。

第六节

用人规律

在中国传统文化中，用人思想十分丰富，历代有作为的政治家、思想家都十分重视使用人才，在实践的基础上总结和概括了一系列精到而富有哲理的用人思想，为后世留下了丰富的思想遗产。

一、古帝王用人思想的精华①

（一）用人的目的：为政之要，惟在得人。天下兴亡、社稷安危、国运兴衰，皆系于人才

中国古代思想家历来重视选贤任能对于治国治政的重要意义。历代开明君主和有识之士都把人才问题作为治国安邦的首要问题。西周时期的姜尚提出了"治国安家，得人也。亡国家破，失人也"的思想。

春秋战国时期，开明的思想家针对社会变革的现实，大力宣传贤才在国家治理中的作用，批判奴隶制的"亲亲"原则，为动荡不安的社会寻求治国之策。

孔子指出："为政在人。""其人存则其政举，其人亡则政息。"战国早期墨子的《尚贤》堪称我国最早的人才学论著，他总结了"贤者为政则国治，愚者为政则国乱"的历史经验，揭示出"国有贤良之士众，则国家之治厚，贤良之士寡，则国家之治薄"的普遍规律。

中国历代的开明统治者也从治国实践中认识到人才在整个国家安危中的重要作用，李世民把人才看作是治国兴邦的关键。他说："治安之本，惟在得人。""能安天下者，惟在用得贤才。"

这是对当时人才重要性的最高概括。朱元璋视贤才为国宝，他说："贤才，国之宝也。"

"为天下者，譬如作大厦，大厦非一木所成，必聚才而后成，天下非一人独理，必选贤而后治。故为国得宝不如荐贤。"

清代康熙皇帝总结人才问题时指出："自古选贤任能，首重人才。"

历代前贤不仅有重贤的思想，重贤的实践更是举不胜举。

汉高祖刘邦曾经亲下《求贤诏》宣布："贤士大夫有肯从我游者，吾能尊重之，布告天下，使明朕意。"

---

① 赵洪波，李世仿. 中国传统文化的用人思想及现代启示 [J]. 黑龙江史志，2008（8）.

三国时期，刘邦三顾茅庐成为求贤用贤的佳话。唐太宗李世民在《荐贤举能诏》中说："朕联想千载，旁览九流，详求布政之方，莫若荐贤之典。"疾呼有才能的贤人"务尽报国之义，以副钦贤之怀"。

此外，朱元璋的《访求师儒敕》，康熙的《治国圣训》都是求贤选才的实际举动。

（二）用人的标准：德才兼备是中国传统文化中选贤任能的标准，是中国传统用人观的精髓

中华民族自古就有尚德的传统，以德治国，以孝治天下的治国之道深深影响古人衡量人才的标准。中国古代的思想家、政治家一般将人的德行和才能看作是贤的内容。

把"德才兼备，以德为先"作为识别人才、选拔人才、考察人才、培育人才的标准。《尚书》记载了商汤时代名相伊尹的一段话："任官惟贤才，左右惟其人。"

伊尹认为，君主选人任官，只能是有贤德、有人才两个方面兼备。

孔子指出："如有周公才之美，使骄且吝，其余不足观也。"孔子主张德才兼备是用人的基本标准。墨子在《尚贤》中提出了"察能予官，以德就列"的原则。可见墨子同样强调用人必须讲求德才兼备。唐太宗李世民在用人上强调"惟有才行是任"。

"必须以德行学识为本"，北宋政治家司马光在《资治通鉴》中也提出"唯才德兼者贤士也"。

"道德足以尊主，智能足以庇民"的观点，王安石主张人才使用要"随其德之大小，才之高下而官使之"。

古人主张"德才兼备"的标准，并不是将德与才等量齐观，而是非常重视德对才的主导作用，关于德与才的关系，北宋政治家司马光的观点具有代表性："聪察强毅之谓才，正直中和之谓德。才者，德之资也；德者，才之帅也。才德全尽谓之圣人，才德兼亡谓之愚人，德胜才谓之君子，才胜德谓之小人。"当然，古人"德才兼备，以德为先"的选人标准，并非一味强调德的重要性，而是根据治理国家的需要，灵活掌握选人的标准，使选人服从"治世"。总的来说，体现了创业唯才，守成重德的特点。

（三）用人的机制："不拘一格"、"因材而用"、"佚于使人"、"扬长避短"、"以贤察贤"、"询于众人"等是人才选拔、人才使用、人才考察等方面的基本原则

在人才的选拔上，古人提出了不拘一格、忌求全责备、忌任人唯亲、忌以言取人等选拔人才的方法和原则。如春秋战国时期，墨子就对任用骨肉至亲，无故富贵者的制度予以猛烈的批评，提出"官无常贵，民无终贱"，"虽在农与工肆之人，有能则举止"的观点。

针对以言取人的误区，孔子就指出："巧言令色，鲜矣仁。"唐代名相魏征对用人问题上的求全责备也说过："虽君子不能无小过，当不害于正道，斯可略也。"

而近代思想家龚自珍针对中国历代王朝在选才时论资排辈的陈规陋习，大声疾呼："我劝天公重抖擞，不拘一格降人才。"

在人才的使用上，中国传统用人理论强调要用人所长，量才使用、因人而用、佚于使人。东汉哲学家王充在《论衡·书解》中指出："人有所优，固有所劣；人有所工，固有所拙。非劣也，志意不为也；非拙也，精诚不加耶。"宋代欧阳修也阐发了佚于使人，即用人不疑，疑人不用的道理："用人之术，任之必专，信之必笃，然后能尽其才，而可共成事。"在中国历史上，善于用人所长，佚于使人的君主当政的时代，人才都层出不穷，造就了一代又一代盛世。

在人才的考察上，古人也总结了许多经验和方法。

除了"三载考绩"等正常考察外，还根据治国安邦的需要，多角度、多侧面地考察检验人才。如"以贤察贤"和"询于众人"等方法。所谓"以贤察贤"就是通过已被确定为优秀人才的评判，来分辨考察人才的优劣。所谓"询于众人"就是广泛征求群众意见。因为个人的闻见总是有限的，而群众的评判往往能反映人才的真实素质。如白居易就主张："明主

中国传统文化
在现代生活中的应用

之选将帅也，访于众，询于人。若十人爱之，必十人之将也，百人悦之，必百人之将也，千人悦之，必千人之将也，万人伏之，必万人之将也。"

（四）帝王用人制度：在中国历史上统治者根据治国安邦的需要建立一系列用人的制度，如推举制、考察制、赏罚制等

我国封建社会的统治以"人治"为特点，用人者多凭自己的爱憎选用人才。但任何聪明之主，仅靠个人眼光，不可能完全做到准确，因此选人用人应重在制度。如推举制度、考察制度、赏罚制度等。这在我国古代社会虽有建立，尚不够完善和普遍，但也有可借鉴之处。韩非提出"宰相必起于州郡，猛将必发于卒伍"的用人原则，即选拔人才必须坚持从基层或群众中，选拔有实际经验，经过实际锻炼和有才能的人。

在我国的两汉时期，已经建立了选拔人才的制度，汉武帝为了广开言路，多渠道选拔人才，创立了贤良方正、察举制度、征召、公车上书、辟除等一系列人才选拔制度。使他从全国各地、各阶层中选拔了大批人才，如董仲舒、公孙弘、司马相如、东方朔等人才。

历代有为的君主也把考核和赏罚作为用人的重要措施，制定了有关制度，根据对官吏的考核情况，分成不同等级。人民群众只有直接和真正地从社会主义制度中获得实实在在的实惠、利益和幸福，才有助于他们真切地拥护社会主义制度，认同社会主义核心价值体系，树立共产主义远大理想；另外，远大理想依靠扎实的工作才能实现，离开现实实践空谈理想，理想只能是空中楼阁。

二、传统文化对企业人才战略的启示[①]

（一）选人

中国传统文化中在选人方面，特别值得现代人力资源管理借鉴的是注重品质。

---

① 林海虹. 传统文化与企业用人 [N]. 中华工商时报，2003-12-18.

私营企业关心的人员品质，主要体现在员工对私营企业的忠诚度和奉献精神。私营企业对每个员工的投资都会构成人才的机会成本，员工一旦离开，私营企业先前的投资完全付诸东流。

孔子说，所谓千里马，并不是称许它的气力，而是称许它的品质。品质是指导行为的内在因素，影响着人的行为准则。

虽然通过制度也可以规范约束私营企业员工的行为，但如果不是源自内心，仍然事倍功半。品质不好的人，才能越大，潜在危害性就越大，最终会成为私营企业的害群之马。而品质好的人，往往能将自己的才能发挥到淋漓尽致。

（二）激励人

以人为本的现代人力资源管理是以激励人的积极性、提高组织效率为目标的。从根本上说是更加尊重人、重视人的作用。早在 2000 多年前，我国古代的先人们在总结治国统兵的实践经验基础上，提出并实行了一系列行之有效的激励方法。

1. 统一目标激励法

这就要求在管理中，管理者对下属充分信任，充分发挥所有人员的潜力，汇集组织内所有人员的力量，为实现组织目标而努力，并使之达成组织目标。

这也是一种人群关系导向的管理。孙武非常强调"上下同欲"，将它列为五个制胜必备因素之一。军队的战斗力强不强，治国政绩大不大，很大程度上取决于上下有没有共同目标，能不能同心同德，能不能步调一致。

2. 树立表率激励法

此法要求管理者要知人善任、严于律己、率先垂范，以自己的榜样作用和力量感染、激励下属。《礼记·大学》："上老老，而民兴孝；上长长，而民兴弟；上恤孤，而民不倍。是以君子有絜矩之道也。"

意思是说：上面敬爱老人，下面就会敬爱父母，尊敬长辈；上面和睦关顾同辈，下面就会团结爱护兄弟；上面悯抚养孤独之人，下面就会彼此

友爱，互不欺凌，主动照顾贫弱。

3. 公平激励法

"赏不可不平，罚不可不均。"（《诸葛亮集》）赏罚分明在很大程度上决定着私营企业求贤用能的成败。应赏不赏、当罚不罚，必会挫伤人才的积极性。

应赏不赏，是抑贤助邪；当罚不罚，是放恶纵邪。因此，赏与罚殊途同归。为此，它对私营企业的领导者提出这样的要求，赏罚要分明、公正。

只有做到了恩威并施，正确地运用正负两种强化激励手段，以公平、公正的方式来鼓励先进，约束、鞭策后进，才能运筹帷幄，才能无敌于天下。

4. 揽过激励法

揽过，是主动承担责任，它的特点是通过主动承担责任的方法去实施的。

这是一种十分有效的激励方法，贤明的领导一般都能正确认识自己，他们认为自己言必有失，为则有错。如推诿过失，必失人心。"罪己以收人心。"（《乞校正陆贽奏议上进札子》）子产曾说："爱莫加之过，尊莫委之罪。"

5. 树楷激励法

此法是通过表扬先进，树立楷模，去影响他人，调动一切积极性的一种激励法。因为榜样的力量是无穷的，故此，古人把它作为一种重要手段，去激励、引导广大臣民。隋文帝曾对侍臣说："我树房恭懿为吏楷，岂止为一州而已，当今天下模范之，卿等宜师学也。"（《隋书·房恭懿传》）

作为一名管理者，应十分重视树楷的重要性，因为它不仅使被管理者有榜样可学，吸引他们积极向上，奋发工作，而且使被树者更加充分地发挥、施展自己的才智；特别是对那些有志于成为模范的人更有吸引激励的作用。

6. 选贤任能激励法

该法是通过考核官吏的德、才、劳而定黜陟之法。它是调动、激励下属积极性的最直接、最有效的方法。此法源远流长，有其光辉的足迹。

《书·舜典》记载说："帝曰：格汝舜，询事考言，乃言底可绩，三载，汝陟帝位。"意思是说：尧说，考核舜的办事能力和言行，各事致成，成绩可嘉，能力突出，三载考绩已结束，根据你的德行可升帝位，接我的班了。

此法在明太祖时期运用得最佳，人人力于建功，纷纷政绩显著。这对能者激励最大，也是最能使确有奇才大略的人承担重任的有效途径。

（三）留人

古人云："千军易得，一将难求。"随着人才对私营企业发展的重要性不断上升，私营企业的人才竞争越发激烈，"挖人"、"跳槽"的现象频频发生，人才流动越来越频繁，常常给人才流失的私营企业造成巨大的损失。

我国古代的留人方法虽然基本上来自于对国家和军队的管理中，但表现为多注重"情"字，强调"心治"，重视精神鼓励。最终实现对民"爱之如父母，则归之如流水"的目的。

我国传统文化中对管理的核心在人的问题，给我们留下了许多宝贵的财富。如怎样以"情"为核心在社会生活及决策管理中发挥作用，将人们引向管理目标，实现统治者的目的，孔子所倡导的"仁政"与"礼治"，可谓达到最高的理想境界。

这样做的结果是最终形成了"求治"、"求善"为目的，以人情主义为特征的管理模式。在这种机制下，"礼"在各种管理行为中起着关键性的调节功能。而"礼之用，和为贵"，其中促成"人和"的内在机制则是"仁"。

《论语》全书一万五千余言，其中"仁"字出现了109次。《论语·颜渊篇》记载：樊迟问仁。子曰："爱人。""仁"作为"礼"的核心，其基本含义就是"爱人，与人相亲"。这种以心理情感为纽带，以情理渗透为原则，

洋溢着浓浓人情味的"仁治"方式，体现着高超的管理艺术，收到无可比拟的巨大效果。

第七节

磁场环境①

宇宙无边无际，宇宙间存在着各种各样错综复杂的能量场，有优有劣，有正有负，有阴有阳。如南极和北极，天体中存在着大量的磁场，有各种微波和频率，你看不见不能说就不存在。人本身也具备一定磁场和能量。

古人说过"人之生，气之聚也，聚者为生，散者为死"。人们大多有固定的生活居住环境，一天24小时有多半处在这个环境气场之中，受此环境气场的影响最大。

人和自然环境是和谐统一的。人们要健康快乐地生存，清新的空气、阳光和净化的水质缺一不可。而对于清新的空气、阳光最为重要，空气聚于天地宇宙之间，贯通于有形有质之物的内外，无形之气在天成象，在地成形，通过天象地形而求得生气——气场。人体之气与宇宙之气息息相关，所以要求得天人合一。

中国古代在天文学、地理学和人体学上对人类的贡献非常重要，中国古代哲学家老子说过："道生一，一生二，二生三，三生万物。"这个"道"就是宇宙运行的基本规律，是自然的一条规则，所谓"一生二"，是阴阳这两个自然现象：有天就有地，有日就有月，有水就有火，有男就有女。自然和人类都是三生万物的结果。

我国古代天文学可以从人文初祖的伏羲时代说起，一是人们观察太阳升落、月亮圆缺的变化，从而产生了时间和方向的概念；二是通过河图洛

---

① 中国传统文化中的风水风化 [EB/OL]．新浪博客，blog.sina.com.cn/csx888.

书的发现，总结出时空中的八卦，也就是现在我们时空中的方位，奠定了我们民族文化思维方式的基础。他们那时仰观于天，俯视于地。

通过观鸟兽和人类的自然规律，近取诸身，远取诸物。八卦，看似八个简单的刻画符号，却包含着中华文化的基因。

到了四千多年前的帝尧时代，设立了专职的天文官，专门从事"观象授时"。在夏朝已有历法，所以，今天还把农历称为"夏历"。根据甲骨文的记载，商代将一年分为春、秋两个季节，平年有 12 个月，闰年有 13 个月，大月 30 天，小月 29 天。商代甲骨文中还有世界上关于日食、月食的最早记录。

中国古代很多天文学家如姜子牙、诸葛亮、张良、张衡、刘伯温等，他们既是政治家、军事家，还是科学家，如大家都熟悉的三国时期诸葛亮借东风的故事，诸葛亮之所以能够掌握风向，正是由于他对天文和天气的理解。

古人为了观测星空，为了便于记忆，他们将这些恒星划分成组，也叫星座和星宿，如织女、北斗仙后星、二十八星宿等；通过四季变化和星体运作规律，总结出很多与中国传统文化相关的神仙人物和历史故事。同时，总结太阳与月亮的自然运动规律，潮汐规律，记录自然界中的风雨雷电等。

中国古代地理学上有很多重要人物，如大禹治水的故事，还有李冰父子修建都江堰的故事，这些都是人类对治水的贡献。地理方面，我们知道周文王根据中国客观的地理位置，演变后天八卦，定西北位为乾位等，在《周易》首先提到"地理"这个词，到董仲舒的解释五行理论等。

人体科学这个概念实际在很早就被中国先哲们重视，比如，"天人合一"的理论，"天圆地方"的理念，"天地感应"的现象等，中国古人早就将天、地、人合为一体，认为自然环境的演变和条件创造了人类，人是自然和宇宙的一部分，所以人要适合自然的环境，要适度地、和谐地与自然相处。

同时，古代先哲们认为人是一个小宇宙，和自然相同，人头是天，人脚是地，人体与宇宙同构。

天场分为阴阳，人体亦分阴阳，体内为阴，体表为阳。天地有五行，人体亦有五官、五脏。

天分成十天干，表示一年地球绕太阳转一圈，人亦对应有十指。地分为十二地支，一年月亮绕地球十二圈，人亦对应有十二经脉。五大行星和人体的关系，五行和人体内脏的平衡关系等。这里也包括一些人体与气场的概念。

人体科学包括心理科学，在风水学中，还要考虑心理科学的因素。例如，环境对人健康的因素，环境对人心理的因素，水源对人健康的因素，建筑对人健康和心理的因素等。

太阳的光照因素，风对人健康的影响，河流、道路对人的安全和健康的影响等。所以，我们说风水学包括人体科学、自然环境学、地理学、天文学、心理学、易学、五行学等综合学科。

一、传统文化对企业的意义

《易经》的核心思想是变易，它强调的是，无论自然宇宙，还是人类社会，它的核心特质就是变动不居。什么是易？昨日座上宾，今日阶下囚！朝为田舍郎，暮登天子堂；旧时王谢堂前燕，飞入寻常百姓家。

所谓的强者就应当能够在这种瞬息万变的环境中坦然应对，始终立于不败之地。在现实层面上，《易经》是从战略的高度讨论人类博弈的一部伟大著作。

它讨论的是一个组织如何由无到有、由弱到强，并基业长青。《易经》的思想在移动互联网、大数据、云计算等技术深刻渗透到人类社会的各个层面的时代，更是显示出其前瞻性和深刻性。哥伦比亚大学商学院教授丽塔·冈瑟·麦格拉思在新书《竞争优势的终结》(*The End of Competitive Advantage*) 中破解了"核心竞争力"的迷思。

麦格拉思指出：

（1）所有的优势都是暂时的，不可维持；

（2）能追求的是新业态下的短暂优势；

（3）业态风水轮转，保持期权一样的变"态"能力很重要；

（4）灵活转型、业态切换能力是王道。

麦格拉思的观点与张瑞敏的观点不谋而合。张瑞敏认为，在 IT 技术和互联网时代，跨界竞争成为主流。此时，企业必须具备在不同的形态间来回变换的能力，是为变"态"能力。

六十四卦实际上是以象数形式构造而成的六十四种关于冲突和和谐的模型。

人们对每卦六爻的配置与变化进行分析，就可以对客观形势有所领悟，也可以对未来的发展作出预测。至于组成六十四卦的三百八十四爻，则象征着人们的行为模式和准则。

如果说阴阳学说是关于原理的研究，六十四卦则是对形势的分析，三百八十四爻就是人们在决策和管理中的实际行动了。

根据《周易》阴阳太极原理进行现代管理名震天下的阿里巴巴和淘宝，抹不去"太极管理"的烙印。

马云认为，"阴和阳，物极必反，什么时候该收，什么时候该放，什么时候该化，什么时候该聚，这些东西跟企业管理是一模一样的"。他的理解中，太极拳不倡导主动进攻，四两拨千斤的意境启示着做生意的理念："不管别人如何，外面如何，你只需专心把自己的事做好就行。在整个社会浮躁中，我希望人能够静下来，慢下来，在慢中体会快的道理。"

卦辞：乾，元亨利贞。

译文：元始，亨通，和谐，贞正。

爻辞：

初九，潜龙勿用。

九二，见龙在田，利见大人。九三，君子终日乾乾，夕惕若，厉无

咎。九四，或跃在渊，无咎。九五，飞龙在天，利见大人。上九，亢龙有悔。象曰："亢龙有悔"，盈不可久也。

袁世凯：绝怜高处多风雨，莫到琼楼最上层。

初九，1859~1881年，潜龙勿用。

九二，见龙在田，利见大人。1881~1894年，朝鲜时期。

九三，1895~1901年，天津小站练兵；戊戌政变。

九四，1902~1910年，直隶总督兼北洋大臣；1908年被摄政王载沣解职，蛰居河南安阳。

九五，1911~1915年，宣统退位，任民国大总统。

上九，1915~1916年，亢龙有悔。逆历史潮流而动，悍然称帝，沦为窃国大盗，遗臭万年。

何谓亢？亢之为言也，知进而不知退，知存而不知亡。知得而不知丧。知进退存亡而不失其正者，其唯圣人乎？——《周易·乾·文言》

进也，存也，得也，阳之事也。退也，亡也，丧也，阴之事也。六者相对待，相循环，至上九亢极矣。极则易变而知所返。懵不知返，故有悔也。——尚秉和《周易尚式学》

象曰：天地不交，否；君子以俭德辟难，不可荣以禄。

象曰：天地交，泰。后以裁成天地之道，辅相天地之宜，以左右民。

孟子告齐宣王曰：君之视臣如手足，则臣视君如腹心；君之视臣如犬马，则臣视君如国人；君之视臣如土芥，则臣视君如寇仇。——《孟子·离娄下》

要善于创造对自己有利的生存、发展环境。

革：己日乃孚，元亨利贞，悔亡。下离上兑，离为火、为中女，兑为泽、为少女，寓意二者相克相生，出现变革。《象》曰：革，水火相息，二女同居，其志不相得，曰革。

己日乃孚，革而信之。文明以说，大亨以正。革而当，其悔乃亡。

天地革而四时成，汤武革命，顺乎天而应乎人。革之时，大矣哉。

爻辞：

初九，巩用黄牛之革。

九二，己日，乃革之；征吉；无咎。

九三，征凶，贞厉；革言三就，有孚。

九四，悔亡，有孚改命，吉。

九五，大人虎变，未占有孚。

上九，君子豹变，小人革面，征凶。居贞，吉。

二、国学中的管理之道

《易经》从根本上说，是一本讨论如何做领导的著作：如何做"一把手"，如何做副手，如何凝聚人心、营造组织文化、打造核心竞争力，如何应对不利境遇、将不利境遇转化为有利环境。

做"一把手"要具备统辖全局的能力和品德修为，这样才会有自信，才能获得尊重。采取压制、权术手段维持专制统治的，可得逞于一时，最终下场堪忧。作为副手，要有角色意识和服务意识，要打造良好的上下级关系，具备足够的能力，使自己获得良好的工作和发展环境。

领导与管理的区别：

（1）领导具有全局性，管理具有局部性。换言之，领导侧重于战略，管理侧重于战术。领导活动注重对组织内部各个组成部分进行整体性的计划协调和控制，而管理则是一种技术性较强的工作，其目的在于提高某项工作的效率。

（2）领导具有超前性，管理具有当前性。领导活动侧重于组织的发展方向，主要体现在决策和目标的制定等方面，管理侧重于当前活动的落实。

（3）领导具有超脱性，管理具有操作性。举重若轻与举轻若重。

领导者的六个基本职责：铸灵魂、指方向、搭班子、建制度、提拔和培养人才。

（一）以深厚修为赢得下属的尊敬、获得权威

冯仑：成功企业家应当有"伟大基因"。

《老子》第八章：上善若水。水善利万物而不争，处众人之所恶，故几于道。居善地，心善渊，与善仁，言善信，正善治，事善能，动善时。夫唯不争，故无尤。

忠心买不来只能赢来。

案例　孙宏斌案中体现的中国传统文化

1988 年，清华硕士毕业生孙宏斌入职联想，后主持企业发展部工作，一年多时间里在全国各地建立了 13 家分公司。业务大发展的同时，孙宏斌及企业发展部的工作理念、作风与其他部门及联想元老发生冲突。

孙宏斌创办《联想企业报》，头版刊登的"企业部纲领"第一条就是"企业部的利益高于一切"，还明确提出企业部经理拥有"分公司经理任命权"等。1990 年 2~3 月，柳传志从香港回北京。

在联想一直十分强调团队精神、大局观念的柳传志经过多方了解，认为孙宏斌及其团队已经出现总部难以驾驭的"独立化"倾向。

经反复斟酌，决定对孙宏斌采取"帮教"措施：将孙宏斌从企业发展部主管平调到业务部任总经理。但解决方案受到孙宏斌及其下属的强烈抵制，导致关系彻底破裂。

1990 年 5 月 28 日，孙宏斌被北京海淀警方拘留。10 天后以涉嫌挪用公款 13 万元的罪名被正式逮捕。

1992 年 8 月 22 日，孙宏斌被判处 5 年徒刑。

1994 年初被减刑 1 年零 2 个月，1994 年 3 月 27 日刑满释放。

1994 年 3 月 19 日，联想集团成立微机事业部，年仅 29 岁的杨元庆担任微机事业部总经理。

2003 年 2 月 19 日，孙宏斌向北京市海淀区法院提出申诉要求取消原判决，改判无罪。

2003 年 10 月 22 日，孙宏斌收到北京市海淀区法院刑事判决书，撤销原判决，改判无罪。

同年，联想对法院出具的意见说，对孙宏斌申请再审的诉求"不持异议"，对法院重审改判"予以尊重"。出狱后的孙宏斌说："柳总在我眼中一直是一个长者、导师，从某种意义上说，是柳传志造就了我。"

柳传志的目标：把联想打造为一个"没有家族的家族企业"。

新加坡案例

1991 年，新加坡政府经国会批准发表《共同价值观白皮书》，提出五大"共同价值观"："国家至上，社会为先；家庭为根，社会为本；关怀扶助，尊重个人；求同存异，协商共识；种族和谐，宗教宽容。"这一价值观明显地与儒家的家庭本位的思想传统是一脉相承的，强调国家、集体的价值，维护威权精英政治体制，提倡和谐、宽容。

新加坡长期一党执政，西方不认为新加坡民主，李光耀也认为西方民主制度有严重缺陷，不适合新加坡的文化。而新加坡依靠源于儒家思想的威思想的威权精英政治体制，保证了政府的廉洁高效。

（二）加强制度建设，使制度成为组织文化的有力支撑

中国传统文化中对制度建设贡献最大的是法家学说。法家学说中，法、术、势三位一体，其中有关法的思想对现代管理意义最为重大。秦国能够以偏居一隅的边境小国发展为战国时代最强盛的国家，统一中国，并将版图发展到两广、海南，就是缘于其法家思想的全面运用。

案例　华为发展中的《华为基本法》

军事化管理（法家严刑峻法、儒家等级制度）与现代民主制度的结合，股份制（财富分享制）与企业控制权的高度集中，华为在法人治理结构、企业文化、融资模式、研发能力与市场拓展能力的锤炼与提升等方面都处于中国企业的前沿。其对传统文化精髓的吸收、对西方先进管理理念与制度的学习与消化，对正在走向世界的中国企业具有重要的借鉴意义。

任正非语录。

在新员工座谈会上，新员工问："任正非总裁您对我们新员工最想说的是什么？"任正非回答："自我批判、脱胎换骨、重新做人，做个踏踏实实的人。"

有一次任正非对财务总监说："你最近进步很大，从很差进步到了比较差。"

任正非在一次高层会议上提问："我的水平为什么比你们高？"大家回答不知道。任正非说："因为我从每一件事情（成功或失败）中，都能比你们多体悟一点点东西，事情做多了，水平自然就提高了。"

案例　万科的制度建设

万科内部形成了万科"忠实于制度"、"忠实于流程"的价值观和企业文化，这些制度和规范得以自觉和充分落实。万科在制度和流程管理上有不少创新，把很多具体事务性的工作上升到了制度和流程层面。

如企业如何对待媒体采访，如何对待媒体的负面报道，就各有一款专门的制度指引、规范，制度内容中涉及了负面报道的定义、适用范围和接待负面报道的流程等条款。

郁亮认为，万科的核心能力表现在这套系统、制度和流程上，但制度不是万能的，因为制度的执行是有成本的。而以"七个尊重"为核心的人文精神和企业价值观的形成和认可，是万科这套系统正常运转、制度真正执行、指引充分使用的基石，这才是万科最珍贵的。

2001 年万科和上海交通大学进行合作开发万科资质模型，将万科对员工和经理进行资格认证的过程标准化、模型化。以前的万科靠绩效考核选拔管理人员，现在则是依据资质模型进行选拔。

（三）调和鼎鼐，和衷共济——领导班子建设

《史记·殷本记》："伊尹名阿衡。阿衡欲干汤而无由，乃为有莘氏媵臣，负鼎俎，以滋味说汤，致于王道。"

《尚书说命》记载殷高宗武丁命傅说为相时说："若作酒醴，尔惟曲蘖；若作和羹，尔唯盐梅。"

钱钟书《吃饭》："伊尹是中国第一个哲学家厨师，在他眼里，整个世界好比做菜的厨房，《吕氏春秋》记伊尹以至味说汤，把最伟大的统治哲学讲成惹人垂涎的食谱，这个观点渗透了中国古代的政治意识，所以自《尚书·顾命》起，做宰相总比为'和羹鼎鼐'。"

领导者的真正价值在于，能够有效调动和整合当前所拥有的各种资源（包括人力资源）。

优秀的领导者不仅着眼于现有资源的多寡优劣，更关注资源是如何组合和使用。就像同质异构的元素既可以组合成碳，又可以组合成钻石一样，整合的作用同样可使一个组织焕发出空前的活力。

（四）学习运用"无为"的理念进行管理

《易经》：用九：见群龙无首，吉。

《老子》第十七章：太上，不知有之。其次，亲而誉之。其次，亲而誉之。其次，畏之。其次，侮之。信不足焉，有不信焉。悠兮其贵言，功成

事遂，百姓皆谓我自然。美国兑利大兰《未来的行政首脑》中文版扉页即引用了"功成事遂，百姓皆谓我自然。"

微软的"无为"的管理。微软大中华区总裁黄存义：微软不是层级式的组织结构，而是网络式的结构。在这种结构中，领导不是最有权力的人，而是最有知识、真正能解决问题的人，这个人可能是工程师或设计师。在这种组织结构中没有上级，它使得每一个人都可能当英雄，比尔·盖茨把所有人都当英雄，那么这个公司就会英雄辈出……

运用"无为"的理念进行管理的成功案例：万科、联想。

要诀：通过制度建设、企业文化建设，使创业者、领导者个人顺利摆脱日常事务，最终依靠制度和文化发挥重要作用。

失败案例：孙宏斌的顺驰地产。

失败原因：冯仑在《万通的足音》中对民营企业家过于信赖个人能力，忽视乃至践踏制度文化的问题有深刻的分析。孙宏斌的失误：①过于依赖个人的激情和人格感召力，缺乏制度建设，无法让制度成为约束、规范、驱动下属工作的关键因素。②战略思想有余，人才队伍建设和精细化管理不足。

华夏基金范勇宏的"无为"之治。一位熟悉范勇宏的基金人士说："他是一个比较平和的人，对于自己管什么不管什么心里很有数，很少过问投研决策等具体事务，给手下留足空间。"华夏基金最负盛名的并不是他这个"大当家"，而是素有"最牛基金经理"、"股神"光环的王亚伟。圈内人都清楚，在王亚伟业绩垫底的低谷期被范勇宏再次大胆起用，并委以绝对信任，范勇宏才是缔造王亚伟神话的幕后推手。

而他的实际"磁场"却比他本人描述的要强大得多。曾有基金公司高管评论，称"无人敢轻言换范勇宏，如果他一走，华夏一半以上高管都会动"，"这杆大旗不能说撤就撤"。

2007年，中信证券和华夏基金合并后，范勇宏和中信证券董事长王东明谈判的筹码，也正是他对"亲生子"绝对的掌控力。

最后的博弈结果是，中信证券总经理吕涛在内的中信证券高管，无一进入华夏基金管理层。

2010 年 11 月，范勇宏的喉部息肉手术，可能成为中国资本市场史上最昂贵的一场手术：由于市场传言"范勇宏被双规"，其手机又全天关机，导致 11 月 12 日沪指大跌 162 点，创下当年单日最大跌幅。

（五）面对竞争对手，要把握好竞争、博弈与团结、合作的分寸

《老子》第三十一章：夫兵者，不祥之器，物或恶之，故有道者不处。君子居则贵左用兵则贵右。兵者不祥之器，非君子之器，不得已而用之，恬淡为上。胜而不美，而美之者，是乐杀人。夫乐杀人者，则不可得志于天下矣。杀人之众，以悲哀莅之；战胜，以丧礼处之。

中国传统文化特别强调仁厚，《周易》："积善之家必有余庆，积不善之家必有余殃。"道家讲"上善如水，佛家讲慈悲"。中国传统文化还特别重视换位思考，儒家讲"己欲立而立人，己欲达而达人"、"己所不欲，勿施于人"。中国传统文化重视在竞争中胜出，但强调给竞争对手留出生存空间，要使用正面手段，不要赶尽杀绝。《老子》说："夫兵者，不祥之器，物或恶之，故有道者不处。"

中国传统社会中，曾国藩是一个典型的案例：他坚韧的毅力、坎坷的经历、不断获得高层赏识的幸运、炉火纯青的人生智慧和政治智慧具体而细微地展示了中国传统文化所能达到的最高成就，也为我们提示了"内圣外王"的真实含义：儒家仁礼思想做底色，建构价值观；道家思想作为方法论、智慧源泉；申韩法家之术作为管理控制手段。

（六）谨言慎行，强化风险防范意识

在《易经》六十四卦中，几乎每一个卦都有好有坏。六爻皆吉的，唯有"谦"卦。

象曰：谦，亨，天道下济而光明，地道卑而上行。天道亏盈而益谦，地道变盈而流谦，鬼神害盈而福谦，人道恶盈而好谦。谦，尊而光，卑而不可逾，君子之终也。

案例 毛泽东战略思想中的风险防控意识

中共七大时，毛泽东为了使全党保持清醒头脑，在报告中用大量篇幅讲了十七种可能出现的困难。解放战争中，胡宗南占领延安，在陕西清涧枣林沟，毛泽东主持中央会议，对中央最高机构做战略部署。中央分为前委、工委、后委三部分。前委以毛泽东、周恩来、任弼时为首；工委由刘少奇、朱德领衔；后委由叶剑英、杨尚昆领衔。

李嘉诚："先父生前曾与我谈久盛必衰之理，我常常以此检验世间之事，多有应验。"

莫按："李氏一门深通易理，故以出类拔萃，成为亚洲首富。"

第五章
养生篇

第一节
正确理解疾病

一、为什么多病之人却能带病延年

经常有人会在课堂上或者私下里提问，为什么我自己或者有些朋友现在的生活就像出家人一样有规律，清心寡欲，吃素修行。但过了一段时间发现，身体却每况愈下，病痛反而越来越多？

这是个很普遍的疑问，相信多数人都被困惑过。

其实这是个悖论，所有的健身修炼方法都只有辅助作用，没有哪种方法能够为人类的生命保驾护航，保证每个学员不生病，这根本性的观念错误，违背了生老病死的人生规律。

真实的人生，也是最朴素的真理，是以平和的心态，勇敢地面对生活赐予我们的一切，包括病痛。

任何病苦都可以成为我们的老师，要坦然面对病痛带来的痛苦，并且

从内心就全面接受身体会多病的现实。

但是，这并不意味着内心的屈服和听天由命的态度，而是用积极的心态去迎接挑战，向病痛宣战。

从现在开始，从最微小的地方入手，一点点改变自己生活中细小的习惯，坚持修炼，从传统文化中汲取营养，不断重复修正，就能感悟到古代先哲的智慧，调理自己的身体到最佳状态。

我们每个人都可以试着想一想，一个思想成熟的成年人，身体健康，情绪快乐而且还功成名就，一切都很如意地生活着，他会有时间想去修习改变自己现有的生活习惯、生活状态吗？

正是因为某一天，感到不适，才发现身体有病之后，所以就不敢胡吃海塞、抽烟、喝酒、熬夜等，开始改掉这些坏习惯。然后，又有点私心，贪恋红尘，想把身体修好一点，健康一点，长寿一些。就是这样才开启了自我养生之路，在自己的心田内种进了善根。

所以在传统文化的修炼规矩里，修行之人从来不求无病，恰恰相反，病还是开始学习养生知识的起点呢。

有人一辈子生病，但带病延年。这就是中国的哲学道理，整日病病歪歪，看着可怜兮兮的反而活得很长。

有些人身体极为强壮，甚至感冒发烧都很少，好像生命很壮实，可突然之间就得急病故去了。

生活经常会给人一种感觉，或者说是错觉，好似有时候身体越壮离去得越快。这种现象在生活中非常普遍，很多人都遇到过，也感到困惑，甚至百思不得其解，这究竟是什么原因呢？

所以我常常告诉我的学员们，去研究《神仙传》、《高僧传》就会发现，每一个修成神仙的，小的时候都是多病之身。

我小的时候，身体并不好，经常感冒发烧。现在你们看我身体比你们都好，就是因为我一天到晚都在修炼中，已经习惯了这种生活。身体和内心都已经习惯了，身体进入了一种良性循环。

很多人都以为自己身体好得很，高高大大、肥肥胖胖、满面红光，尽情地享受生活，过度透支自己的身体，不断挑战身体的极限。

古人说过，福兮祸之所倚，大风起于青萍之末，凶悍的病魔都是在不知不觉间来临的，不定哪一天身体就突然崩溃！这是生命的道理。

一个人的身体，是一个符合物理定律的物质东西。强壮到极点之后，一定会变弱。相反地，有许多人身体看似多病，但是多病的人，往往能祛病延年，虽然整天病兮兮似的，却能活得很长寿。

现在读者应该知道原因了。因为某人了解自己的体质，知道自己多病，就会时时注意养生，日常保健调养；而一个看似身体非常健康的人，有时候反而忽然去世了，就是因为他自己觉得身体很健康，没有病，往往忽略了保健之道，所以当病魔上身，一切都晚了，来不及了。

世界上的人没有一个不病的。

我们现在觉得自己很健康，那只是假象，所有人都是在病中，就是所谓的亚健康状态。不管你头晕还是眼睛看不清，还是经常感到疲倦，都是病。这个世界就是病态的，没有一个人是"正常"的。

不只是指生病住医院的人，平常我们就是病人，这一点要特别注意，是传统文化中先哲给我们留下的心要。

这就是所谓的"谁受病者"，谁在受病？

根据我多年的学习研究，了解到古代修道成功的人，多半是年轻时多病的。一开始我也感觉很意外，后来参悟到了，因为自身多病，所以才肯下大力气去认真地研究自己身体，才能成功地找到一个适合自己的生活习惯，或者称为健康养生方法。这样坚持下来，反而活得长。

无病无痛的人，就不会过多地关注自己的身体，所以离去得快。

古代传统养生法里讲，如果某人身体有点毛病，反而更好，就是所谓的"带疾延年"，反而长寿。

"谁受病者"，也就是无我，这理论很多人都知道，到了有病需要身体力行的时候，你的这个"我"，却比平常人更难解脱。这时真要抱着"无

有实法", 本来空, 死也空, 空也空的心态才好。

二、了解身体疾病根源

利用望诊"五官"了解疾病的根源。①

科技的进步在医学上也有重要的体现, 也是现在很多医疗机构常用的检查和治疗疾病的方式, 但我们不可能稍微有点不适就赶到医院就诊, 那么掌握自我检测的方式就显得尤为重要, 而中医强调的四诊法中的"望"是自我检测的最好方式。 而中医也认为, 五官是与我们的五脏相对应的, 所以也有五官为五脏之官之说, 看看如何让你 3 分钟完成自我的检测。

(一) 鼻为肺之官

从面相上说, 鼻子好看的人, 除了五官整体的感官是可以加分的, 还认为鼻子大的人财运就比较好, 能发财, 好看的鼻子一定要尖而挺拔。鼻子是我们呼吸道的第一道防线, 这一道防线维持着我们整个呼吸系统的健康, 还关系着机体的有氧反应和有害气体的排除。中医认为鼻孔为肺气所主, 所以肺开窍于鼻, 鼻是肺之官, 所以只要肺部有相关疾病就会表现在鼻子上。

1. 出气的鼻子

我们这里讲的鼻子不是鼻子的外观, 因为外观只是一种视觉的感受, 我们更多地要注重内在, 这里所讲的鼻子主要是指鼻孔, 当我们上火或者肺热时, 鼻孔出气就会是粗、热, 而当肺部出现寒的时候, 鼻孔会冒凉气, 或者有鼻涕流出。

2. 鼻子的外观

在人体中有着很多条经脉, 而鼻子与大、小肠经以及胃经都存在着千丝万缕的联系。中医也认为, 鼻子是由胃经所主, 所以当我们的胃出现问题的时候, 就会表现在鼻子部分。例如, 鼻子发红、鼻子上长痘痘等情况

---

① 五官对应五脏 3 分钟识别身体疾病信号 [EB/OL]. 环球网, health.huanqiu.com, 2015-09-21.

说明你有胃火的问题，也就说明你的胃被寒气入侵，使得机体生出胃火来消除这种寒邪的后果。

（二）目为肝之官

我们知道在五脏中，肝脏的排毒功能是自身就具备的，是一种先天性的东西，而人体还有一个排毒器官就是眼睛，而眼睛排毒的方式比较特别，主要是靠流眼泪实现，眼睛与肝脏之间似乎存在着某种神秘的联系。

《黄帝内经》说："五脏六腑之精气，皆上注于目而为之精。"那么眼睛是如何做好肝脏的"官"的呢？

1. 眼泪汪汪

泪眼朦胧，总是让人存在几分我见犹怜的感官刺激，就如《红楼梦》中的林黛玉，一双水汪汪的大眼睛，那忧郁的泪眼，就连贾宝玉这样含着金钥匙出生的人，也会为之动容，我见犹怜。

这类现象产生的原因是由于肺气的不足，而肺主通调水道，肝也主水道，那么肝肺功能虚，输布和肃降的能力就弱，导致水汽总是壅在上面，或者水道老收不住，这种人就会总眼泪汪汪的。

2. 迎风流泪

夏季的炎热，让很多人渴望阵阵狂风来袭的快感。但是有很多人，一见到这样的风，就会"哭"得撕心裂肺，这其实不是真的哭，而是一种眼部的疾病，医学名称和民间都叫作迎风泪。

造成这种疾病的方法，主要是肝经不能收敛所致，所以迎风泪的你要注意肝脏的保健养生问题。

3. 眼袋

很多人都会有眼袋，影响着我们美丽的眼睛，让整个人都笼罩在阴影当中，很多人认为眼袋就是简单的睡眠不足。

其实这种情况只是常见的水肿情况，眼睛下半部分经过小肠的，所以眼袋基本都是因为阳气不足，化不开水，水液代谢不掉，这属于寒邪造成的疾病。

上眼皮肿是脾湿，下眼皮肿是阳虚，所以如果想从根本上去除眼袋，就一定需要注意保养脾部。

（三）耳朵为肾之官

1. 耳聋与耳鸣

耳朵是五官中比较张扬的地方，因为我们的耳朵总是在竖着，聆听世界的各种声音，而耳朵上的经络和穴位也是五官之中比较多的，所以耳朵的健康反映身体的健康状况，而耳朵生病了，是肾脏生病的外部体现。

在《黄帝内经》里有"肾开窍于耳"的观点，而据现代临床疾病的症状来看，得肾病的人都会伴有耳鸣或者耳聋的并发症，所以耳朵的听力情况就是我们健康的测试标准。

2. 耳垂的皱褶

在人体中有很多性感的部位，其中耳垂就榜上有名，因为耳朵本就是五官中比较敏感的器官，再加上它较小的体积和好看的轮廓，让它成为性感的地方之一。

耳垂的皱褶说明一个人的供血不足，与供应耳垂微血管病变导致血管周围组织退化有关，所以耳垂的褶皱能预测冠心病的发病情况，所以只有心脏健康了，耳朵才会有积极健康的症状。

第二节
健康养生的核心①

一、顺应天时

"春夏养阳，秋冬养阴"，这句话是顺四时养生的基本原则。

---

① 中国养生的核心——春夏养阳，秋冬养阴 [EB/OL]. 新浪博客，http://blog.sina.com.cn/u/3007928142.

春夏季节，自然界万物复苏，阳气初生并逐渐长到极点，阴气渐少；秋冬季节正相反，万物蛰伏，阳气内敛，闭藏，阴气渐重。

人也是万物之一，所以也要顺从这种阴阳变化的规律：在春夏时，养人体这种属阳的、运动的、向上的、向外的生气、长气，不能压抑或宣泄太过，即"春夏养阳"。秋冬时要使人体阳气内敛，收藏起来，这是相对静止的、向下的、向内的，是属阴的，所以称为"秋冬养阴"。

如果你不了解它，总是逆其规律而行，就要受到惩罚了。

所以我们养生一定要首先了解四季的个性，《黄帝内经》说："春生，夏长，秋收，冬藏"，即春天万物复苏，阳气升发；夏季正是万物生长最茂盛的季节，阳气最盛；秋季是收获的季节，也是一个阳气内敛的季节；冬天是封藏的季节，万物蛰伏，此时人体的阳气应该是藏于体内，养护脏腑，以待来年更好地升发。

四季是如此循环往复，环环相扣地运行着，人体阳气若也是这样，人与自然就会和谐相处，身体健康，反之就是与大自然作对，并且无论哪一环出了问题，都会影响到身体其他部分。

冬天阳气应藏，你非要调动它出来，并将它消耗掉，这样会让脏腑失养，来年春天，必定会生病，即《黄帝内经》所说"冬伤于寒，春必温病"，这里的"温病"并不是瘟疫，而是易患感冒、发热等疾病，是身体抵抗力低下的表现。

然而，由于每个人的体质及阴阳的状态是不同的，所以养生方法也应当因人而异，但总的原则是不变的：法于阴阳，和于术数，顺应自然，天人合一是最核心的秘密。围绕这一原则——根据四季的不同，从饮食、情志、起居、锻炼及一些易感疾病的防治入手进行养生。

（一）顺时应起居

在自然界，一年四季具有春温、夏热、秋凉、冬寒阴阳消长的特点，生物体也相应具有春生、夏长、秋收、冬藏的变化。人体应顺应自然界的变化而调节自己的起居规律。

春三月，阴消阳长，万物欣欣向荣，人的起居养生应顺应春令生发的特点，即"夜卧早起"以养生气，逆之则伤肝，夏为寒变。

夏三月，气候炎热，阳气最盛，人的起居当"夜卧早起，无厌于日"。以养长气，逆之则伤心，秋为痎疟。

秋三月，阳消阴长，万物成熟，气候渐次转寒，人的起居以养收为主，故要"早卧早起，与鸡俱兴"。逆之则伤肺，冬为飧泄。

冬三月，草木凋零，万物闭藏，冬季起居要养藏气，故要"早卧晚起，必待阳光"，去寒就温，保养阳气，逆之则伤肾，春为痿厥。

总之，起居有常，就能保养人的精神，所谓"起居有常，养其神也"。否则，影响人的健康与寿命。

（二）顺时节饮食

根据食物的性味，在不同季节配制不同的食物，就叫"四时饮食"。

春气温，宜多食麦以凉之；夏气热，宜食菽以寒之；秋气燥，宜食麻以润之；冬气寒，宜食黍，以热性治其寒。

春天气候温热，应食清淡食物，民间习惯在立春当天吃由豆芽、鸡蛋和韭菜做成的春饼，以应春天生发之气。

平日宜食性味清淡的食物，如糯米、黄豆、核桃、芝麻、鸡蛋、黑木耳、香菇、小白菜、芹菜等。亦可用甘平的药物调养，如太子参、甘草、蜂乳等。

春季应于肝，酸入肝，甘入脾。少食酸味食物，有益肝的疏泄，多吃则使肝气过淫而伤害脾胃，多吃些山药和大枣等甘平食物，以防肝木乘土，故应对传统养生之"春省酸增甘，以养脾气"。

夏季气候炎热，可食清淡易消化的食物，如禽蛋、奶、豆制品等。适当吃些酸奶以增强食欲。

还要多食蔬菜瓜果，如茄子、番茄、黄瓜、冬瓜、丝瓜、西瓜、荔枝、杨梅等各种时令果蔬。

"夏省苦增辛，以养肺气"。夏时心火当令，苦味入心，辛味入肺。多食苦味，则助心火抑肺金。

适当多吃些姜、蒜等辛味的食物，则养肺气，故有"冬吃萝卜夏吃姜，不用医生开处方"之说。

长夏（小暑、大暑）主湿主化，气候特征是阴雨连绵，湿气弥漫。湿气通于脾，故当注重脾脏的保养，吃些健脾类食物，如绿豆、薏米、白扁豆、莲子、百合等。蔬菜水果当食冬瓜、小白菜、丝瓜、莴笋、芹菜、番茄、黄瓜、苹果、香蕉等。可用莲子、荷叶、丝瓜、山楂、砂仁等中药，醒脾消食。

"长夏省甘增咸，以养肾气"。长夏属土，土旺乘水，故长夏不可过食甘味食品，以免肾水受伤。咸味入肾，适当吃些咸味食品，有利于保护肾气。

秋季主收主燥，燥易伤津，最易使人感到咽干鼻燥、口唇干裂等。

所以秋季最宜吃些生津润燥的食品蔬菜瓜果，如芝麻、蛋类、豆荚、白菜、苹果、香蕉、菠萝、葡萄等。亦可用百合、沙参、玉竹、麦冬等中药。

"秋省辛增酸，以养肝气"。辛入肺，酸入肝，过食辛味，则会助金乘木而引发肝病。所以要控制辛味食品，如辣椒、尖椒等，适当多食些酸味之品，有利于保养肝气。

冬季万物封藏主蛰，人的气血趋于闭藏，饮食应注重温补，故曰冬季"食补为先"。但是冬季施补，当因人而异。

阴虚体质之人，症见腰膝酸软、五心烦热等，宜食清凉味甘之物，如兔肉、鸭肉、芝麻、银耳、梨、甘蔗等。中药可用生地、白芍、天冬、麦冬、沙参、百合、玉竹等。

阳虚体质之人，症见四肢厥冷、面色㿠白、小便清长等，宜食温热类的狗肉、羊肉、鹿肉、桂圆等食物。中药可用干姜、鹿茸、附子、肉桂、巴戟天等。

气虚体质之人，常见面色苍白、少气懒言等，宜食补气类食物和药

物，如大枣、饴糖、山药、人参、党参、白术等。

血虚体质之人，症见面色苍白、口唇色淡、心悸失眠、妇女月经后期量少等，宜食桂圆、莲子、大枣等，或用阿胶、熟地、当归、首乌、白芍、紫河车等填精补血之品。

"冬季多吃黑"。黑为水之色而归于肾，凡黑色食品都有补肾的作用，如黑米、黑大豆、黑芝麻、黑枣、黑木耳、黑菇、海带、海参、紫菜、乌骨鸡、乌贼鱼、甲鱼、乌龟等，在冬季可选择食用。

"冬省咸增苦，以养心气"。咸味入肾，苦味入心，咸能胜苦。多吃咸味，会助水乘火，使心阳减弱，故宜减咸增苦，适当吃些芥兰、苦丁茶等，可保养心气。

总之，饮食一定要根据四时气候的变化、食物性味的不同及自身体质的差异，合理选择调配，才有益于健康。

（三）顺时养情志

情志是指怒、喜、思、悲、恐，又称五志。

正常人的情志是由五脏所生，如肝生怒，心生喜，脾生思，肺生悲，肾生恐。故《内经》曰："人有五脏，化五气，以生喜怒悲忧恐"。

人的情志异常，则称七情，就会影响气机、损伤五脏，如怒则气上而伤肝，喜则气缓而伤心，忧思则气结而伤脾，悲则气消而伤肺，惊则气乱，恐则气下而伤肾。

所以，要顺应四时阴阳的消长变化而调养情志，这样才能使精神内守，生气不竭，防止疾病的发生。

春三月，此为发陈，天地气生，万物以荣，人的情志要内守，不能动怒，要有"生而勿杀，予而勿夺，赏而勿罚"的神态，思想形体要舒坦放松，以应春生之气。

夏三月，此为繁秀，天地气交，万物华实，人的情志要喜悦，切勿急躁发怒，要"若所爱在外"，"无厌于日"，这样，才能使情志舒畅，以应夏长之气。

秋三月，此为容平，天气以急，地气以明，气候渐转干燥，尤其深秋之时，草木凋零，一派肃杀之象，最易使人产生凄凉、垂暮之感，出现忧郁、烦躁等。故要保持神志宁静，以缓肃杀之气的刑罚。

冬三月，此为闭藏，水冰地坼，无扰乎阳，人的情志更要安静内蓄，要"若有私意，若已有得"，"使志若伏若匿"。这样，才能避免寒冷之气的侵袭。

（四）顺时适寒温

一年之中，随着气候寒热温凉的变化，人们就要根据体质，适当增减衣服，这就叫顺时适寒温。

民间说："春捂秋冻，不生杂病。""春捂"即春季气温刚刚转暖，不可过早脱掉棉衣，否则，一旦气温下降，就难以适应，容易引发疾病。

尤其是要捂肚脐，因肚脐归属任脉，对女性而言，风寒由此侵入，会发生痛经等妇科疾病。

然后要捂后背，因后背为督脉所居，督脉有总督诸阳的作用，因此，养护阳气就要捂后背。

另外，要捂双脚，因脚部有很多穴位，又是足三阳和足三阴经的起止处，络属着体内肝脾肾等重要器官，足部受凉，就会影响这些脏腑的功能。

"秋冻"是说秋季气温稍凉，不要过早地增加衣服，适宜的寒凉刺激，可增加人的耐寒能力。

另外，季节刚开始转换，气温尚不稳定，过早地增加衣服，一旦气温回升，出汗着风，很容易感冒。

（五）顺时调阴阳

阴阳平衡，是人体健康的前提，故曰"阴平阳秘，精神乃治"。顺应四时调节阴阳，是保持人体阴阳平衡的关键。所以要春夏养阳，秋冬养阴。

养阴养阳，涵盖了很多内容，就养生而言，春夏养阳，就是要顺应春夏气候的特点而养生养长；秋冬养阴，亦即顺应秋冬气候的特点而养收养藏。如四时饮食，春夏增甘增辛，辛甘为阳，故春夏养阳；秋冬增酸增

苦，酸苦为阴，故秋冬养阴。

春夏养阳是为奉养秋冬之阴（收藏）而奠定基础（阴根于阳）；秋冬养阴是为奉养春夏之阳（生长）而奠定基础（阳根于阴）。

春夏养阳，是借助春夏自然界生长之阳气来温养人体的阳，所谓"冬病夏治"。秋冬养阴，是利用秋冬自然界收藏之阴气以滋养人体的阴，即夏病冬防。所以提出了"冬不藏精，春必病温"，"冬伤于寒，春必温病"，以示秋冬季节，一定要保养精气。

总之，四时阴阳消长，是自然界永恒的规律，四时养生，又是养生保健的基本准则。故智者之养生也，必顺四时而适寒暑，和喜怒而安居处，节阴阳而调刚柔，如是则辟邪不至，长生久视。

二、寿星彭祖的养生法①

（一）动静结合，锻炼身体

葛洪《神仙传》中记载彭祖的养生治身方法是"常闭气内息，从旦至中，乃危坐拭目，摩搦身体，舐唇咽唾，服气数千"。此即后世的气功修炼、吞咽唾液方法。

彭祖年轻时喜欢一个人外出旅行，独来独往。因此，人们都不知道他究竟在哪儿。旅行时，他虽然备有车马，但却很少乘用，大部分路程靠双脚行走，以此锻炼自己的意志和体魄。

彭祖年迈后，在锻炼中悟出一套"导补之术"。就是采用意念引导的方法，引气上行百会及头、面各穴窍，外行于四肢及毛发；内行于五脏六腑。若感到哪儿不舒服，就采用意念疗法，令气冲病灶，将病气逐出体外，直至适意为止。

有时候，他从清晨闭气内息，一坐竟到中午。随后，缓拭双目，按摩肢体，再舌舐上腭，吞咽唾液。一直连续吸气数十口，才开始起身行走和

---

① 沈尔安. 彭祖长寿的秘诀 [J]. 人人健康，2010（12）.

讲话。

他说："凡欲学行气，皆当以渐。"意思是要想学习导引行气并没有什么诀窍，关键在于长期坚持。

（二）善于保养，平和保神

《彭祖摄生养性论》中写道：人们的衣食居行诸方面都应注重调摄规范，不要疲劳，也不能懒散，过饥、过饱和过饮都有损于健康，衣着必须随气候的变化及时更换，万不可纵意"狂荡"，否则会出现悲惨的后果。

在性保健方面，彭祖提出如下几个论点：

其一，认为男女皆有情欲，而情欲不可强行禁锢，禁欲对身体有害。

其二，对"交接之道"，要求"从容安徐，以和为贵"。

其三，反对放纵情欲，特别是反对奸妓淫娼。

其四，主张爱护阴精，节制房事，远色寡欲。

其五，明确房事禁忌，遵守天、地、人"三忌"。

彭祖的养生之道和房中术的论述在长沙马王堆竹简《十问》、《黍女经》、《抱朴子内篇》、《养性延命录》及《三元延寿参赞书》等书中都有不少记载。

（三）淡泊名利，清心寡欲

淡泊名利，清心寡欲，注重品性修养，也是彭祖得以长寿的重要原因之一。

《神仙传》中记述"彭祖少好恬静，不趋世务，不营名誉，不饰车服，唯以养生治身为事"。据坊间流传，殷王前后赠给彭祖数万金，他都受纳了，但却用来救济贫贱，自己无所留。

可知彭祖绝非那种四处钻营，终日忙于机谋巧算、患得患失的人。他心地善良，心胸豁达，思想开朗，不受"慎喜毁誉"所累，精神状态经常保持良好，这些正是身体健康的首要保证，也是尽享天年所必不可少的条件。

彭祖认为养生之道并不烦琐，关键在于不可追求过高的欲望。衣食不追求过于华美，凡成败、荣辱、得失之类不可考虑得太多，否则徒然增加

忧愁烦恼。彭祖是一位仁爱之人,他非常同情普天之下的劳苦大众,无论他走到哪儿,都乐于帮百姓分忧解难。因此,深受百姓的敬重和爱戴。

(四) 重视房事养生

长沙马王堆汉墓出土医书竹简《十问》中,就记载有彭祖有关性保健的精辟论述:性机能完全发育成熟的成年男子,若长期禁欲而不交合,就会因郁闭而产生各种疾病;如性器官尚未发育成熟就急于交合,则既不利于后代繁衍,也不利于自身健康。

后世道家房中养生家一直尊奉彭祖为圭臬人物,并有《彭祖经》、《彭祖摄生养性论》等专著流行于世。

彭祖指出:“男不可无女,女不可无男。若孤独而思交接者,损人寿,生百病。”强调人不能“委弃妻子,独处山泽”去过“断绝人理”的孤单生活,亦不可强行禁欲。“有强郁闭之,难持易失,使人漏精尿浊,以致鬼交之病”。当然,老年人房事宜稀少,频率不宜高,应量力而行,适可而止。

三、意通八脉

开通奇经,人就会感到周身经络气血通畅,精力充沛。

开通奇经八脉法,乃是传统性命双修养生功法之要程。历代祖师奉为绝密,在各丹经、道书中均无泄露。

李时珍《奇经八脉考》中曰“凡人有此八脉,俱属阴神闭而不开,惟神仙以阳气冲开,故能得道,八脉者先天之根,一气之祖”。

八脉之中尤任、督二脉最为重要。在整个性命双修修炼过程中作用极大,古曰:任督两脉人身之子午也,乃丹家阳火阴符升降之道,坎水离火交媾之乡。

意通八脉用法为:取坐势,二目垂帘,含光凝神,闭口藏舌,心不外驰,一意归中,待呼吸气调匀后,用鼻根呼吸。

一吸,由会阴穴沿督脉徐徐以意领气走尾闾,夹脊,玉枕至百会稍停。

二呼,沿任脉走祖窍,绛宫,气穴至生死窍微停。

三吸，由生死窍提起至气穴处分开，至背后两侧上升至两肩窝。

四呼，由两肩窝分开，双行走两臂外侧阳维脉，过两手中指至两手劳宫穴。

五吸，从劳宫穴走两臂内侧阴维脉到胸前双乳稍上处稍停。

六呼，双下至带脉沿气穴归并一处回到会阴穴。

七吸，由会阴穴直上走冲脉上升于心下一寸二分的绛宫穴稍停。

八呼，由绛宫下降至生死窍分开双走两腿外侧阳跷脉至涌泉穴稍停。

九吸，从两涌泉上升走两腿内侧阴跷脉至会阴穴合并升至气穴稍停。

十呼，由气穴下降至生死窍定住。

会阴穴又为生死窍，古曰："生我之门死我户，几个醒来几个悟。"八脉起于会阴穴，又归于生死窍，故耳丹家将生死窍视为八脉之总根。

此开通八脉用法简单易学，但作用不可小视，小则祛病强身，大则延年益寿，它上通泥丸，下达涌泉，真气集散，周流一身，气合自然，消阴长阳，待到水中火发，雪里开花，黄芽可得矣。但气通、精通非经明师口传不可胡猜乱用以免出现差错。赵魁一曰："八脉开通却病无，全凭心意用功夫。"

四、快速入静的方法

入静是指在气功锻炼过程中，在思想安静、意念集中的基础上出现的清醒，保持意念专一，轻松舒适的一种练功境界。

入静既不同于一般的清醒状态，亦不同于入睡。它不可能是所谓万念俱息，寂然无物；更不可能是熟睡的"呆定"。因为它还保持着练功的意念。

对练功者来说，如果在练功过程中，练功的意念都没有了，就会像船失去了舵，以致在恍惚的情况下出现偏差，这是需要注意的。

一般来说，入静是在掌握练功的质量比较好的情况下出现的，是通过练功实践得来的。它是在有意识的锻炼中，在无意识的情况下形成的。

由于每个练功者的情况不同，每一功的情况也不会相同，所以入静有

高低、深浅之分，它本身往往又是一种练功体会。

而且，入静状态在每次练功中不是都能满意地出现的，它有时偶尔出现，有时交替反复，时间有长有短。

对入静要避免追求，因为追求本身也是一种杂念，反而干扰入静。

方法如下：

初学入静，最好不要专门去做，只需结合入睡和早晨似睡似醒时即可。

躺在床上，闭眼。此时目光自然没有了，但你还能在意念中看到房顶所在的位置，我们不妨将这种"看到"称为"神光"，以与平常的目光相区别。对此神光，任其自由活动（固定其于一处即为平常所说的凝视或曰意守）。

这种自由，本身就是对白天注意力过于凝视的一种"反动"。

如果可能，勿忘勿助于神光焦点球的这种自由运动。时间久了，这种勿忘勿助的水平自然就越来越高，这就是功夫和智慧。

在太极拳里这叫作"不丢不顶"。

熟练久了，当心中杂念纷纭之时，神光不去追它们（即它们所发生的位置——物理的、心理的），而仍是自然放松地待在那儿，这样就好像落叶虽多，但无风，叶子还是要平稳和缓地落在地上。

熟练再熟练，神光焦点球不断放松，自然而然变得越来越大，不再局限于白天那种小小的局部，做到此时，房子里的你仿佛睡在露天的野外，与宇宙同大。

最大的作用是让人自省这些基本现象后的基本经验和基本规律。而不是一上来就"意守丹田"的方法，是提倡先去体会自然，体会够了，也就懂得，也就会偶尔地主动一下，弄出点"用处"来。

练好了以后，有了相当的经验，这应该是已经过了很长时间了。然后可以开始两种练习，一为晨醒之时，一为白天之时。

（1）初级：姿势自然舒适，呼吸柔和，对杂念有所控制，能按本功法要求，进入良性诱导，一念代万念。

（2）中级：在初级功的基础上，对外界干扰基本能做到视而不见，听而不闻，身体放松，呼吸绵绵而深长，自感若有若无，常出现轻、重、暖、痒等感觉。

（3）高级：在中级功的基础上，口鼻呼吸渐微，若有若无。身体出现浮、轻、飘，若存若亡。神气相凝，不自觉进入虚、融、空之境，功后犹如熏香沐浴，身轻神悦，思维敏捷，达到最佳境界。

快速入静的秘密即是必须克服各种杂念。

相传唐代得道的神仙吕洞宾曾说："世言吾卖墨，飞剑取人头。吾闻哂之。实有三剑：一断烦恼，二断贪嗔，三断色欲，是吾之剑。"

他说的不是实有的刀剑，而是心剑、慧剑，意志和智慧的力量。

在世俗的社会中，每个人难免不为各种烦恼、贪嗔、色欲所累，为七情六欲所苦，这就是种种的杂念。平常生活中不觉得，而一旦坐下来闭上眼睛时，杂念就像奔腾的野马难以驾驭。

那么，修炼者就必须运用意志的力量，不断地排除杂念，通过自身的努力最终驯服这匹野马。

驯服这匹野马的过程也就是功夫长进的过程和身体健康的过程。许多修炼者慨叹入静之难，实际上这就说明他的心境上还有许许多多的灰尘，必须运用意志的力量去拭擦，用慧剑斩心魔。

第三节

十二时辰养生

一、增加身体能量

在子时至辰时期间利用以下方法还精补脑，可以快速达到增加能量的效果。

（一）开脊法

作用：此法是道家助通督脉法，可以打通督脉脊椎通道。帮助大脑快速充氧，解决大脑缺氧致萎靡不振，精力不集中，以及腰椎、颈椎气阻不通的问题。

身体成散盘静坐体姿，舌抵上颚，微微提肛，养气三分钟。

右手穿过左膝盖窝抓住右脚；左手穿过右膝盖窝抓住左脚，以臀部为支撑点，双手尽力上提双脚，头部尽力后仰到极限，心里默数到九（做不到可以数到三或者六，做到的最多可以数到十八），后仰式尽可能把颈部、腰部、整个脊椎层层打开，想象整个脊椎被拔开。每回做三到九次。

注意：不要用力憋气，受不了时，头部回正，通过锻炼可逐渐增加次数和时间。

（二）俯仰式

作用：帮助调节颈椎气路通畅。

身体坐正，双手自然放在双膝上，掌心朝上，头后仰，仰到极限，感觉颈椎、颈部肌肉到达极限，数18秒，数不到18秒的数到9秒，然后头缓缓地摆正，之后头自然垂下，不要用力。

注意：身体坐正，后仰的时候慢慢地下去，向前下垂的时候一下子垂下来。

（三）握固还精式

握固：是道家养生修炼中常用的一种手印。

将大拇指扣在手心，指尖位于无名指（第四指）根部，然后屈曲其余四指，稍稍用力，将大拇指握牢，如攒握宝贝一般。

为什么是无名指根部呢？古人认为此处正是肝魂关窍之所在，中医学理论也提出"肝主握"。

我们看新生的小孩子肝经气特别充足，小孩子出于自保，往往会本能地紧握拳头以"固魂"。

当人的生命结束的那一瞬间，却是"肝魂尽失，撒手而去"的。

大拇指触不到无名指指根的，可以放在中指指根处。

握固的人不易受到外邪的伤害；可以譬如赤子，在修行的过程中回到自己的本源；还可以抵御外来的气候，在冬天如果穿得少了，容易伤风的时候，用握固的方法，少说话，可以抵抗寒冷，防止寒邪入侵。

（四）吸气咝字诀

用嘴微微、短促地吸气，发出"咝"字音。同时腹部呈放松状态，发音时腹部鼓起。

作用：此功法不但能还精补脑，而且对生殖系统疾病有很好的治疗作用。

盘坐，持握固手印置于膝上，舌抵上颚，微微提肛，面含微笑，养气三分钟。

用鼻把气吸满，直至胸腔肺叶打开，憋气。用意念把气从"会阴穴"上移至"神阙"（肚脐），注意"神阙"不是表层，是在肚脐进三寸。

整个过程是憋气的状态，9秒或者18秒。如果还能继续憋气，就想象气绕着神阙顺时针转一圈或三圈。

能憋到18秒者，可继续做第二阶段。

"加先天罡气"，在刚才憋气的基础上，用"咝字诀"，再冲击一下。此时，用力收小腹提肛。做不到不要勉强。

注意：不要超过自己的极限，要循序渐进。

（五）握固补脑式

作用：使吸入清新之气在头部周流，有效达到还精补脑。大脑立刻舒适清新。

握固，把气吸满，使肺部充盈，头部缓慢地后仰，后仰的过程中，不断地在吸气，后仰到极限。

然后，想象吸入的气体从鼻部向头顶上部经百会穴，再向后脑玉枕穴，再转回下颌承浆穴，回流到鼻腔，旋转三圈，最后到百会穴不动。

守住百会穴时，心里默念三遍：还精补脑，还精补脑，还精补脑。然

后再将头部缓缓放平。

二、收炁强身

一阳初动本无心，收心必须先提根。

在初步收心求静的静坐中，当坐到一念不起，身心两忘，虚极静笃之时，自己的外阳勃然兴起，这是自身的活子时到来。

因其无念，是先天性的产物，最佳时刻，机不可失，不等念起，急用转法轮收炁法即刻收回。

（一）收炁法

原坐式不动，收气必须先提根，即用力一提会阴，鼻根吸气，眼往上翻看，以神领气，心意随之。

再由子位生死窍即会阴穴向后走尾闾、夹脊、玉枕至午位百会一停。

吸时：鼻吸、眼看、神领、意随同时并举，协调一致。

一吸由督脉上来稍停，再一呼鼻根呼气，眼往下看，以神领气，心意随之，由午位百会下来，走祖窍、绛宫、炁穴（即丹田），直达会阴子位。后升前降正一圆周。

简单说，一吸一呼转一遭为一次，如此三至五个呼吸，如用得准确，外阳即可缩回，这即是后升前降转法轮收炁法。

日积月累，身体越来越强壮，精力越来越充沛，活子时越来越勤，而外阳兴起的力量也就越来越大。如果从一次呼吸至七次呼吸，外阳仍然不倒，应改用无孔笛颠倒两头吹降龙法来制之。

（二）无孔笛颠倒两头吹的具体用法

当转法轮七次降服不住外阳时，原坐不动，立即凝神生死窍，会阴一提，鼻根吸气，意想由生死窍提到脐下一寸三分丹田穴，再用绛宫之气，下沉丹阳，鼻根呼气，心神意随之一沉，一提一降为一次，如此一至三次外阳立缩。

若用了七次仍不缩回，就应用第三步功法。

开通奇经八脉的学员，等待二候到来之时，虎由水中生，似黄河决口，有一泻千里之势，就用下手炼精化炁的伏虎手段，将欲破关而出的元精化成元炁，仍为我所用。

三、十二时辰对应人体肺腑的兴衰规律①

子午流注是古代中医圣贤发现的一种规律，是他们参透人体而揭示出的一种规律。人体中十二条经脉对应着每日的十二个时辰，由于时辰在变，因而不同的经脉中的气血在不同的时辰也有盛有衰。

中医哲学主张天人合一，认为人是大自然的组成部分，人的生活习惯应该符合自然规律。把人的脏腑在十二个时辰中的兴衰联系起来看，环环相扣，十分有序。

（一）子时（23：00~1：00）足少阳胆经

此时胆经最旺。

中国传统养生学认为："肝之余气，泄于胆，聚而成精。胆为中正之官，五脏六腑取决于胆。气以壮胆，邪不能侵。胆气虚则怯、气短，谋虑而不能决断。"由此可见胆的重要性。有些人轻易切掉患者的胆，是不负责的表现。胆汁需要新陈代谢。

人在子时前入睡，胆方能完成代谢。"胆有多清，脑有多清。"凡在子时前入睡者，晨醒后头脑清晰，气色红润。

反之，子时前不入睡者，气色青白。特别是胆汁缺乏新陈代谢的气而变浓结晶，形成结石，犹如海水变浓晒成盐。其中一部分人还会因此而"胆怯"。

（二）丑时（1：00~3：00）足厥阴肝经

此时肝经最旺。

"肝藏血"。人的思维和行动要靠肝血支持，废旧的血液淘汰，新鲜的

①子午流注养生的日常应用［EB/OL］.新浪博客，http://blog.sina.com.cn.ttdd.

血液产生，这种代谢通常在肝经最旺的丑时完成。

中国传统养生学认为："人卧则血归于肝。"如果丑时不入睡，肝还在输出能量，就无法完成新陈代谢。

所以，丑时前未入睡者，面色青灰，情志倦怠而烦躁，易生肝病。

（三）寅时（3：00~5：00）手太阴肺经

此时肺经最旺。

"肺朝百脉"。肝于丑时推陈出新，将新鲜血液提供给肺，通过肺送往全身。所以，人在清晨面色红润，精力充沛。寅时，有肺病的人反应尤为强烈。

（四）卯时（5：00~7：00）手阳明大肠经

此时大肠经最旺。

"肺与大肠相表里"。肺将充足的新鲜血液布满全身，紧接着促进大肠经进入兴奋状态，完成对食物中水分与营养的吸收，排出渣滓。

（五）辰时（7：00~9：00）足阳明胃经

此时胃经最旺。

人在7：00吃早饭最容易消化。如果胃火过盛，就会外在表现出嘴唇干，重则唇裂或生疮的表象。

（六）巳时（9：00~11：00）足太阴脾经

此时脾经最旺。

"脾主运化，脾统血"。脾是消化、吸收、排泄的总调度，又是人体血液的统领。"脾开窍于口，其华在唇"。

脾的功能好，表现为消化吸收好，血的质量好，嘴唇红润；唇白标志血气不足，唇暗、唇紫标志寒入脾经。

（七）午时（11：00~13：00）手少阴心经

此时心经最旺。

"心主神明，开窍于舌，其华在面"。心气推动血液运行，养神、养气、养筋，极为重要。

现代人工作繁忙，如果在午时能睡片刻，对于养心大有好处，可使下午乃至晚上精力充沛。

（八）未时（13：00~15：00）手太阳小肠经

此时小肠经最旺。

小肠分清浊，把水液归入膀胱，糟粕送入大肠，精华上输至脾。

（九）申时（15：00~17：00）足太阳膀胱经

此时膀胱经最旺。

膀胱储藏水液和津液，循环水液并将多余部分排出体外，津液在体内循环。若膀胱有热，可致膀胱咳，咳而遗尿。

（十）酉时（17：00~19：00）足少阴肾经

此时肾经最旺。

"肾藏生殖之精和五脏六腑之精。肾为先天之根"。人体经过申时泻火排毒，肾在酉时进入贮藏精华的阶段。

（十一）戌时（19：00~21：00）手厥阴心包经

此时心包经最旺。

"心包为心之外膜，附有脉络，是气血通行之道。邪不能容，容之心伤"。心包是心的保护组织，又是气血运行的通道。心包经戌时兴旺，可清楚心脏周围外邪，使心脏处于完好状态。

（十二）亥时（21：00~23：00）手少阳三焦经

此时三焦经最旺。

三焦是六腑中最大的腑，具有主持诸气、疏通水道的作用。亥时三焦通百脉。人如果在亥时睡眠，百脉可休养生息，对身体十分有益。

百岁老人有个共同特点，即亥时睡觉。可惜现代人很少能做到，所以在街上看到面色红润的人越来越少，女性涂脂抹粉，掩盖"锈脸"的越来越多。

从亥时（21：00）开始到寅初（3：00），是人体细胞休养生息、推陈出新的时间，此时人随着地球旋转到背向太阳的一面，相当于一天的"冬

季"，是人睡眠的良辰。此时休息，才会有良好的精神状态。

这和民间相传的"睡觉多的孩子长得胖、长得快；爱闹觉的孩子发育不良"是一样的道理。

人体经脉、气血的兴衰随着时间变化，顺应十二时辰的气血变化而定起居饮食，调理身体，是养生的根本原则。

四、十二时辰排毒法

一年有十二月之分，一天也有十二时辰之分。

养生之道，要顺应天时、地利、人和。不仅要符合一年四季的变化，还要符合一日十二时辰的规律。

《黄帝内经》是我国现存最早的一部医学著作，也是现代人应该了解的传统国学养生圣经。

如何借助于《黄帝内经》的养生理念、利用人体的经络和生物钟来保养我们身体，是一个严谨的课题。

每个时辰对应一条经脉，每条经脉又联系着相应的脏腑，揭示并解析了应时养生的秘密，从而阐明了健康长寿的真谛。

人体内存在着很多我们肉眼看不见的垃圾，呼吸、进食都会产生一系列的代谢废物。

一旦体内废物堆积过多，就会让身体"中毒"，便秘、肥胖、冠心病等一系列疾病就都不请自来了。

从中国传统养生理论的角度看来，毒素总体上可分为"外来之毒"和"内生之毒"两大类。

外毒指来源于人体之外的，如大气污染、水污染、农药残留、汽车尾气等有害身体健康的致病物质。

内毒指的是机体在新陈代谢后产生的各种废弃物。

人体毒素堆积主要有两大原因：一是毒素本身摄入过多；二是人年纪大了或某些器官患病，不能及时将毒素排出体外。

其实，排毒也讲究"天时"，在合适的时间排毒，可以事半功倍。按照中医一天十二时辰的养生规律排毒是最科学有效的，具体排毒时刻表①如下：

（一）5：00~7：00：大肠排毒时间

如果大肠不能得到很好的排毒和修复，积累到一定程度的毒素不但会让皮肤长斑，甚至还会增加患直肠癌的概率。

因此，尽量在这段时间进行排便，因为时间越晚，积累的毒素就越多。如果便秘，则要多吃一些富含粗纤维的食物，如麦片、全麦面包等。或者配合按摩大肠经，对排便和大肠的养护有很好的功效。

（二）7：00~9：00：胃排毒时间

胃是人体最大的消化器官，有储存、转运、消化食物的功能。 因此，清晨可以采用跪坐姿势，练习腹式呼吸。每天坚持，可以促进胃部血液循环，改善新陈代谢，增强胃部的消化能力。

此外，早餐一定要吃得丰富，最好能够吃一些养胃的食物，比如花生、核桃、苹果、胡萝卜等。另外，平时也可以泡一些红茶蜂蜜水喝，对胃也有好处。要保持心情愉快，因为紧张、焦虑等不良情绪也会对胃造成刺激。

（三）11：00~13：00：心脏排毒时间

心脏是所有器官里的核心部分。

午餐吃一些补心的食物，比如桂圆，可以补脾益心。这段时间还是心脏跳动速度的高峰期，因此不要剧烈运动。如果能够午睡一会，更有利于心脏排毒。

（四）13：00~17：00：小肠、膀胱排毒时间

小肠分清浊，它会将水分送到膀胱，垃圾分给大肠，精华就供给脾脏。当人体饮水量不足时，小肠的蠕动能力就会降低，这种"分类"工作

---

① 中医排毒时刻表［EB/OL］. 新浪博客，http：//blog.sina.com.cn/uxyu.

就不会做到最佳，不但营养无法及时输送，垃圾也无法及时输送给大肠。

这段时间可以做些简单的运动，比如踢腿，可以刺激小肠经，让小肠更好地蠕动。也可以适当多喝水，加速膀胱排毒。

（五）17：00~19：00：肾脏排毒时间

肾脏有毒素，主要表现在面部或者身体水肿、疲倦感增加。这段时间为一天中锻炼的最佳时机，有助于加快肾脏排毒。慢跑、快走等是较好的运动方式。另外，扭腰的锻炼效果也不错，可以刺激肾脏，起到按摩作用。

晚餐可以吃些黑木耳、海带，不仅可以补肾，还可以排毒。

（六）19：00~21：00：心包排毒时间

人的心火随着时间慢慢攀"升"，当这种毒素无法排出时，会影响睡眠，并出现胸闷、刺痛的现象。

19：00~21：00 也是血液循环的旺盛时期，可通过拍打心包经，或者手臂的肘窝处进行排毒，这样能有效加强心脏的供血能力以及大脑的血液循环。除此之外，还可以按摩中指，因为中指对应着心包经。

（七）21：00~23：00：三焦排毒时间

这段时间切记要放松身心，保持愉悦的心情。

另外，还可以配合一些颈部按摩，或者手法适中地按摩人体腋窝处的极泉穴，有助于三焦排毒。

（八）23：00~5：00：胆、肝、肺排毒时间

胆、肝、肺的排毒都需要在良好的睡眠下进行，所以睡眠质量很重要。可通过以下途径来提高睡眠质量，让胆、肝、肺得到充分休息，从而排出毒素。

（1）睡前吃一些有益睡眠的食物，如麦片、核桃，或者喝一杯热牛奶。

（2）穴位按摩。睡前将百会穴、涌泉穴、足三里穴各按 30 次，都可以有效地帮助深度睡眠。

（3）黑暗环境下睡眠。

晚上睡觉一定要关灯，因为光亮会影响脑松果体分泌褪黑素，褪黑素是帮助睡眠的重要功臣，有催眠的作用。

（4）23：00 点前睡觉。

23：00~2：00 是身体排毒的黄金时段。

根据不同时段所属的脏腑经络不同，契合不同的脏腑经络，遵循不同的养生规律，应用不同的养生方法，可达到事半功倍的效果。

五、十二时辰去病法^①

中医认为四季的变换是一个完整的循环，一天 24 小时也是。古人将一天划分为十二个时辰，对应人体十二条经脉，相应的养身法被清代养生专家尤乘记录在养生古书《寿世青编》中，为"十二时辰无病法"。

（一）丑、寅时（1：00~5：00）

【原文】

气发生之候，勿浓睡，拥衾坐床，呵气一二口，以出浊气。将两手搓热，擦鼻两旁及熨两目五七遍；更将两耳揉卷，向前后五七遍，以两手抱脑，手心恰掩两耳，用食指弹中指，击脑后各二十四，左右耸身，舒臂作开弓势五七遍；后以两股伸缩五七遍；叩齿七七数；漱津满口，以意送下丹田，作三口咽。清五脏火，少息。

【解读】

此时为人体精气生发的时候。如果此时失眠，可披着被子，坐在床上，呵一两口气，把体内浊气吐出。

然后把两只手搓热，摩擦鼻子两旁，并用搓热的手热双目 35 遍。把两只耳朵分别向前、向后揉卷 35 遍。用两只手抱住后脑，双手的手心恰好掩住双耳，用食指去弹中指，击打后脑勺 24 次。

再左右耸身，像开弓一样拉伸双臂，49 遍。两腿伸缩 49 遍。最后，叩齿 49 次，用意念将唾液送下丹田，分三口咽下。

---

① 十二时辰养生法 ［EB/OL］. www.360dol.com/content/17/0123/12/35035770_624328974.shtml.

如此可清除五脏之火，让生发精气的肾脏得以休养。

（二）卯时（5：00~7：00）

【原文】

见晨光，量寒温穿衣服，起坐明窗下，进百滚白汤一瓯，勿饮茶，栉发百下，使疏风散火，明目去脑热。盥漱毕，早宜粥，宜淡素，饱摩腹，徐行五六十步。取酒一壶，放案头，如出门先饮一二杯。昔有三人，皆冒重雾行，一病一死一无恙。或问故，无恙者曰我饮酒，病者食，死者空腹。是以知酒力辟邪最胜。不出门或倦，则浮白以助其气。

【解读】

晨光初露，宜起床。看天气寒暖穿衣。起床后，坐在明亮的窗户下，喝一杯白开水，不要喝茶。

梳头发百余下，可疏风散火，明目去脑热。洗漱完毕后，早餐宜喝粥，宜淡素，吃饱后徐徐行走五六十步，边用手摩掌肚子。

如果此时要出门，或不出门但感觉疲倦，休息在家，可以饮一点点酒，可用来养真阳之气。

曾经有三个人，在浓雾天出行，一个病了，一个死了，一个安然无恙。有人好奇地问为什么呢，安好归来的那个人说他喝了些酒，病了的那个只吃了饭，死了的那个是空腹而行。所以说酒辟邪的力量最强。

其实原因很简单，浓雾天气的湿气重，喝点酒相当于给自己点燃了小太阳，能使湿气不近身。

（三）辰、巳时（7：00~11：00）

【原文】

或课儿业，或理家政，就事欢然，勿以小故动气。杖入园林，督园丁种植蔬果，芟草灌花莳药。归来入室，闭目定神，咽津约十数口。盖亥子以来，真气至，巳午而微，宜用调息以养之。

【解读】

适宜工作、处理家政、侍花弄草，千万记住：不必为一些小事动气，工作再繁忙也值得欢然享受。

回到屋里后，闭目养神，或叩齿咽津十几口。

因为从前一晚的凌晨 12 点前起，一天的阳气就到了，到中午 12 点时，阳气逐渐减少，此时定神调息，可以养阳气。

（四）午时（11：00~13：00）

【原文】

餐量腹而入，食宜美。美非水陆毕具，异品殊珍。柳公度年八十九，尝语人曰：我不以脾胃熟生物，暖冷物，软硬物。不生、不冷、不硬，美也。又勿强食，当饥而食，食勿过饱，食毕起行百步。摩腹又转手摩肾堂令热，使水土运动，汲水煎茶。饮适可，勿过多。

【解读】

午餐时间，要吃得美。

美不是山珍海味，只要不生不冷不坚硬的食物就是最美好的午餐。不要吃过饱，吃完走上百步。

饭后用手摩腹，再按摩腰背部的肾俞，让腰和肚子都热起来，脾和肾运动有序。再适当喝点茶水，但不要过多。

（五）未时（13：00~15：00）

【原文】

时就书案，或读快书，怡悦神气，或吟古诗，畅发悠情。或知己偶聚，谈勿及阃，勿及权势，勿臧否人物，勿争辨是非，当持寡言养气之法。或共知己闲行百余步，不衫不履，颓然自放，勿从劳苦殉礼节。

【解读】

在书案前静坐，或读书、吟诗畅发悠情。与朋友小聚，记得少说话，适说话都可以养气。与知己闲走散步，穿宽松点，放松身心，不要失了礼节。

（六）申时（15：00~17：00）

【原文】

点心，用粉面一二物，或果品一二物，弄笔临古帖，抚古琴，倦即止。

【解读】

此段时间为点心时间。吃点粉面，或果品，干点有意思的工作。弹弹琴、提笔作画、临古帖等，对我们现代人来讲是一种奢侈的享受，但集中精力把上班的活干完干好，也是修炼！

（七）酉时（17：00~19：00）

【原文】

宜晚餐勿迟，量饥饱勿过，小饮勿醉，陶然而已。《千金方》云：半醉酒，独自宿，软枕头，暖盖足。言最有味。课子孙一日程，如法即止，勿苛。

【解读】

此时该晚餐了，晚餐不宜过迟、不宜过饱、喝酒仅仅只是陶冶情操而已，千万不宜喝醉伤身。

现代人由于工作繁忙，比较注重晚餐时间的社交活动，往往几个好友知己开怀畅饮，不醉不休，尤其是周末，这样最伤身体。

《千金方》里说，喝得半醉时一个人睡，睡在软绵绵的枕头和被子里，足部保暖，最有味道。

（八）戌时（19：00~21：00）

【原文】

篝灯，热汤濯足，降火除湿，冷茶漱口，涤一日饮食之毒。默坐，日间看书得意处，复取阅之，勿多阅，多伤目，亦勿多思。郑汉奉曰:思虑之害，甚于酒色。思虑多则心火上炎，火炎则肾水下涸，心肾不交，人理绝矣。故少思以宁心，更阑方就寝。涌泉二穴，精气所生之地，寝时宜擦千遍。榻前宜烧苍术诸香，以辟秽气及诸不祥。

【解读】

晚上，热水泡脚，引火气下行，驱除湿气。冷茶漱口，洗去一天的饮食留下的残渣和毒火。

晚间宜静默，可看书，但不宜看久，伤眼睛。不宜多过思虑，"思虑之害，甚于酒色"。思虑多心火旺，肾水干涸，心肾不交，容易影响到生育人伦。

涌泉穴是精气生发的地方，睡前可以左右脚互相按摩百次。

睡前宜点苍术香，可辟除污秽之气。

（九）亥、子时（21：00~1：00）

【原文】

安睡以培元气，身必欲侧，屈上一足。先睡心，后睡眼，勿想过去、未来、人我等事。惟以一善为念，则怪梦不生，如此御气调神，方为自爱其宝。

【解读】

睡眠是培植元气的最好方式。

向右侧睡，如果习惯向左侧也可以，曲足让血液归心，以获安宁。不要胡思乱想，这是御气调神的自爱法宝。

六、子午流注开穴法①

十二经络流注时间如下：

（1）凌晨 3：00~5：00（肺经，服用药物效果好），寅时睡得熟，色红精气足。寅时血气流注于肺，称为"手太阴肺经"。

肺部功能欠佳者，在清晨时过敏性鼻炎及咳嗽气喘容易发作，有些医师认为，严重气喘者，应该在此时起床服药，治疗效果会更好，并且宜吃

---

① 子午流注开穴法［EB/OL］. http：//www.360doc.com/content/13/083//19/13694093_311227426. shtml.

补肺饮食，如燕窝、银耳等。"肺朝百脉"，肝在丑时把血液推陈出新后，将新鲜血液提供给肺，通过肺送往全身。

所以，人在清晨面色红润，精力充沛。寅时，有肺病者反应最强烈，如剧咳或哮喘而醒。

（2）5：00~7：00（大肠经，吃蔬果排便顺）卯时大肠蠕动，排出毒素渣滓。卯时气血流注于大肠，称为"手阳明大肠经"。

此时，最适宜方便，因此，很多早起的人就很容易排便，反之，错过这个时辰，就容易便秘。

所以，清热滑肠最好的时间就是此时，由于有助于大肠经的食物只有蔬菜水果，有便秘的人在此时，最好多吃高纤维的蔬菜水果。

肺与大肠相表里，肺将充足的血液布满全身，紧接着促进大肠进入兴奋状态，完成吸收食物中的水分和营养、排除渣滓的过程，清晨起床后，最好排大便。

（3）7：00~9：00（胃经，一定要吃早餐），辰时吃早餐，营养身体安。辰时气血流注于胃，称为"足阳明胃经"。

阳明经是多气多血之经，此时人体的胃肠消化吸收最强，是营养能输送到各器官滋养脏腑的最佳时刻，这也是早餐在中医里很重要的因素。

此时段吃早餐最容易消化，吸收也最好，早餐可安排温和养胃的食品，如稀粥、麦片、包点等。过于燥热的食品容易引起胃火盛，出现嘴唇干裂、唇疮等问题。不吃早餐更容易引起多种疾病。

（4）9：00~11：00（脾经，禁食辛辣刺激），巳时脾经旺，造血身体壮。巳时气血流注于脾脏，称为"足太阴脾经"。

此时是人体气血最旺时期，因此不宜食用燥热及辛辣刺激性食物，以免伤胃败脾，即使是脾虚者进行补养，也要很小心。

"脾主运化，脾统血"，脾是消化、吸收、排泄的总调度，又是人体血液的统领；"脾开窍于口，其华在唇"，脾的功能好，消化吸收好，血液质量好，所以嘴唇是红润的。唇白标志气血不足，唇暗标志寒入脾经。

（5）11：00~13：00（心经，适度午睡佳），午时一小息，安神养精气。午时气血流注于心经，称为"手少阴心经"。

很多人说中午不宜剧烈运动，就是担心在心经气血充盈时，造成血脉运行紊乱，血不归经，因此应适度休息，但午睡不宜过久。

"心主神明，开窍于舌，其华在面"，心气推动血液运行，养神、养气、养筋。人在午时能睡片段，对于养心大有好处，可以使下午至晚上精力充沛。

（6）13：00~15：00（小肠经，肠胃要休息），未时分清浊，饮水能降火。未时血气流注于小肠，称为"手太阳小肠经"。

此时是小肠经进行清浊及吸收的时刻，营养吸收到体内，浊物送到大肠待消化，及排出体外，未时过后肠胃开始休息，此后的晚餐时间含蛋白质和脂肪、淀粉类食物要少量摄取，否则容易在体内累积。

小肠分清浊，把水液归于膀胱，糟粕送入大肠，精华上输于脾，小肠经在未时对人一天的营养进行调整。如果小肠有热，人会干咳，排屁。

此时多喝水、喝茶，有利于小肠降火。

（7）15：00~17：00（膀胱经，多喝水利排泄），申时津液足，养阴身体舒。申时气血流注于膀胱，此为"足太阳膀胱经"。

膀胱为肾之腑，两者均属水，因此这段时间要多补充水分，有利于膀胱排除体内废物，以促进泌尿系统的代谢。

膀胱贮藏水液和津液，水液排出体外，津液循环在体内。如果膀胱有热可致膀胱咳，且咳而遗尿，申时人体温较热，阴虚的人最为突出，此时适当活动有助于体内津液循环，喝滋阴泻火的茶水对阴虚的人最有效。

（8）17：00~19：00（肾经，工作完毕多休息），酉时肾藏精，纳华元气清。酉时血气流注于肾经，称为"足少阴肾经"。

肾经是人体协调阴阳能量的经脉，也是维持人体内水液平衡的主要经络，由于此时是工作完毕需要稍事休息的时候，因此不宜过于劳累。

"肾藏生殖之精和五脏六腑之精，肾为先天之根"，人体经过申时泻火

排毒，肾在酉时进入贮藏精华的阶段，此时不适宜做太强的运动，也不适宜大量喝水。

（9）19：00~21：00（心包经，晚餐不要太过丰盛），戌时护心脏，减压心舒畅。戌时气血流注于心包经，称为"手厥阴心包经"。

在中医来说，心包经主泄，主血，因此，如果晚餐吃得太丰盛，易生亢热而至胸中烦热、恶心，因此建议晚餐不宜过腻，餐后要休息，运动以散步的方式最好。"心包为心之外膜，附有脉络，气血通行之道，邪不能容，容之心伤"。心包是心的保护组织，又是气血通道，心包经戌时最兴旺，可清除心脏周围外邪，使心脏处于完好状态。

此时，一定要保持心情舒畅，看书听音乐，做 SPA，跳舞、耍太极，放松心情，释放压力。

（10）21：00~23：00（三焦经，少喝水），亥时百脉通，养身养娇容。亥时气血流注于三焦经，称为"手少阳三焦经"。

掌管人体诸气通往各脏腑，是为人体血气运行的要道，特别是人体上肢，以及排水的肾脏均属三焦经掌管的范畴，此时阴盛，要安五脏以利睡眠，注意睡眠时不宜特别压迫到某侧的手部，容易水肿等人睡前不宜多喝水。

三焦是六腑中最大的腑，具有主持诸气，疏通水道的作用，亥时三焦能通百脉。人如果在亥时睡眠，百脉可以得到最好的休养生息，对身体、对美容十分有益，百岁老人有个共同的特点：在亥时睡觉。

现代人如果不想此时睡觉，可以听音乐、看书、看电视、练瑜伽，但最好不要超过亥时睡觉。

（11）23：00~1：00（胆经，勿熬夜），子时睡得足，黑眼圈不露。子时血气流注于胆，称为"足少阳胆经"。

此时天地磁场最强，胆经会引导人体阳气下降，是身体进入修养及修复的开始，熬夜会导致胆火上逆，引发失眠、头痛、忧愁易思等多种神经症状，因此，这个时辰宜多休养。

中医理论认为："肝之余气，泻于明胆，聚而成精。"人在子时前入眠，胆方能完成代谢。

"胆汁有多清，脑就有多清"。子时前入睡者，晨醒后头脑清晰，气色红润，没有黑眼圈。反之，常于子时不能入睡者，则气色青白，眼眶昏黑，同时，因胆汁排毒代谢不良更容易生成结晶、结石。

（12）1：00~3：00（肝经，愉快入眠期），丑时不睡晚，脸上不长斑。丑时血气流注于肝，称为"足厥阴肝经"。

本经有疏利三焦，通调水道的作用，且由于与胆经互为表里，相互影响，休息才能使血液回流滋养肝，否则就不利于肝脏的排毒功能，肝经调节全身的血液疏导全身，使气血调和，宜在精神愉快下睡眠以免过度压抑导致气血不畅。

中医理论认为，"肝藏血，人卧则血归于肝"，如果丑时不能入睡，肝脏还在输出能量，支持人的思维和行动，就无法完成新陈代谢。

所以，丑时前不能进入睡眠状态的人，往往面色青灰，情致怠慢而躁，易生肝病，脸色晦暗长斑。

第四节

自我调理

一、缓解疲劳

疲劳是一个普遍现象，任何人都有，如何缓解？其实办法就在每个人的身上自带。按摩穴位就可以帮你化解疲劳。

日常生活中，人们都要经常劳累地生活与工作，也因此会常常出现过度用脑、过度透支体力的情况，所以也会经常出现一些疲劳的症状，影响生活和工作效率，严重的有可能出现过劳死。

生活中，如果我们能够掌握一些中医的基本理论，巧用以下的穴位疗法，是可以快速帮你消除疲劳的。

穴位的自我按摩：①

工作一段时间后，可以自己利用休息的几分钟时间，少抽几根烟，少喝一点茶，做一些自我按摩。

百会：百会穴位于头顶正中线与两耳尖连线的交点处。

用左手或右手的拇指指腹揉按该穴，由轻到重，再逐渐减轻力道，慢慢放松。如此反复揉按3分钟左右，以指下产生酸胀感为佳。

太阳：在颞部，当眉梢与目外眦之间，向后约一横指的凹陷处。

分别用两手的拇指指腹揉按太阳穴，手法操作同百会穴，同样揉按3分钟左右，以指下产生酸胀感为佳。

揉按百会、太阳可以给大脑以良性刺激，起到提神醒脑，促使头部血液循环，注意力集中的作用。

颈百劳：正坐位头稍前倾或俯卧位，大椎穴直上2寸旁开1寸处取穴。

分别用两手的中指指腹揉按颈百劳穴位。手法操作和时间如同上穴，以产生酸胀或重感为佳。

内关：位于前臂正中，腕横纹上2寸，在桡侧屈腕肌腱同掌长肌腱之间。

用左手拇指指腹端按压右侧内关穴，右手拇指指腹端按压左侧内关穴。由轻到重按压，再缓缓放松。以指下产生酸胀或者麻木感为佳。如此反复按压两分钟左右。

腰眼：在腰部，当第4腰椎棘突下，旁开约3.5寸凹陷中。

分别用两手拇指的指腹端由轻到重按压腰眼穴，再逐渐减轻力度，慢慢放松。反复按压5分钟左右。

承山：在小腿后面正中，委中与昆仑之间，当伸直小腿或足跟上提时腓肠肌肌腹下出现三角形凹陷处。

---

① 人体六大保健区［EB/OL］.豆丁网，http：//www.docin.com/p-655215853.html.

手法操作和时间同腰眼穴。

二、重大疾病的调理[①]

中医调理疾病的原则是补不足、损有余，临床老中医擅长独特的轻灵手腕，搜剔病邪、磨削累赘，扶养元气，再造精血，将疾病制约在一个可控范围中；"王道之法无近功"，由于调理用药常以不损伤正气为前提，药性和缓，所以去病也渐，收效也缓，病家、医生都须耐着性子。

历来西医治病注重在"病"，显微镜下细看的是细菌、病毒等非己物质，中医称之为邪气；明清以后中医临床则深究在"体"，强调治体，以提高自身的抗病能力，来祛除病邪出于人体之外。

但也不尽然地，古人也有主张"邪气加诸身，速攻之可也，速去之可也"的所谓"攻邪派"，然非主流；晚近十年，西方医学也重视了"体"，把认病理念转移到人体自身缺陷的研究上来，免疫领域和干细胞移植方面日新月异的进展，体现了病、体认识上的战略换位，但主要也是前瞻性的。

中医调理是病、体参合的一种特色治疗，病、体之间，中医的位置始终居中，把持着天平两端的平衡和意向。

如有些病人诊治过程中发现了肿瘤，但为时已晚不能手术，西医常开导病人：请中医调理调理去！

中医拜领任务，事实上常已是受命于危难之际了，病人心、神俱惫，敌强我弱显而易见，医者首务在鼓舞病人斗志，不让精神崩溃，否则药物很难发挥作用。用药宗旨则每取扶正祛邪，扶正主持甘药，叶桂誉为"劳损主治法则"，甘药治体范围广、方法多，灵活多变，历古名医积累了丰富而细腻的治疗经验，值得后人记取。

去邪抗瘤则中医常用活血化瘀、清热解毒、软坚消积等手段，借以消削、磨散、清涤病邪，限制、缓慢肿瘤的繁殖和发展。

---

① 中医调理［EB/OL］.新浪博客，http://bloy.sina.com.cn/hjlrbk.

中医调理事实上是走一条"与瘤共存"的道路，病家的心态必须宽朗高远，摆脱生瘤即是绝症的阴影。

妥帖的药物调理，与瘤相安无事、长期共存的例子，在临床是可见的。这就是养生的真谛。

各种慢性病的中医治疗，其实不外乎在病、体之间的斡旋，重在养，这是养生调理的着眼点。

当然，调理也会照顾到疾病之外的一些症状，具体症状因人而异，如失眠、疼痛、便秘等，因为生了慢性病，忧心忡忡，素有的症状会加重，症状加重削弱正气，正气下降，为治病调理帮了倒忙。

因此，中国传统医学又十分重视结合具体症状施治，一定程度上，缓解症状会增强体质，增强体质即加重了筹码来制约疾病，其间复杂、细致、曲折的因果关系的调整，也在中医调理的范畴之内。

其实代茶饮也是调理的一种方式，花花草草皆可入药，可以纠正体内阴阳的过偏或不足以达到治疗未病的目的。

重大疾病对身体和心理的伤害都是巨大的，而利用中医调理身体重大疾病可以减少这一损害，这也是中医的利处所在。

三、自我调理[①]

(一) 搓双耳，全身都受益

耳朵就像一个倒立在子宫中的胎儿，耳垂代表头眼部，耳外缘为躯干及四肢，内侧是内脏器官。

中国传统养生专家表示，揉按耳朵的不同部位，就能对其所对应的躯体或内脏器官，起到保健作用。

中医讲"肾开窍于耳"，因此，做好耳部保健，对强肾效果更好。

按摩耳朵应用力轻揉，以自己能忍受为限。通常以揪、揉、拉为主，

---

① 按摩与健康［EB/OL］.豆丁网，http://www.docin.com/p-413476194.html.

时间以 5 分钟为好，不要超过 10 分钟。

向上揪揪耳朵，可以调节和促进人体各系统生理功能，有益于增强体质；轻揉双耳并摩擦，可疏通经络，对肾脏及全身脏器均有保健作用。

还可以按摩耳廓，以食指贴耳廓内层，拇指贴耳廓外层，相对捏揉，直至发热，对腰部保健有一定好处。

向下拉耳垂，可先将耳垂搓热，然后再向下拉耳垂 15~20 次，使之微微发热即可。

用食指、拇指提拉住耳廓，自内向外提拉，牵拉的力量以不痛为限，可治疗头痛、头昏、神经衰弱、耳鸣等疾病。

（二）推脊椎，增强免疫力

脊椎及其两侧，是人体两条最大的经脉之一，督脉的行经之地，且有肝俞、肾俞等重要经络通过，属阳经汇集之处。

当风、寒等外邪入侵时，阳经最易受到影响；反之，护好后背，不受寒凉，身体则不易感冒、患病，还有治疗劳损的效果。

中国传统养生专家建议平时可由家人帮助，从上到下，或从下到上，来回推拿脊柱及两侧，可边捏边向前推进，或拍打前进，每次 5 分钟即有疏通经脉之效。

还可采用热水袋热敷或在背部涂抹精油按摩，擦至皮肤温热潮红，对抵抗感冒、扶助正气、增强免疫力有好处。

如果有条件，泡澡时，可以有意识地用热水泡泡后背，同样能促进背部的血液循环，有助于经络畅通。

（三）按腋窝，宁神宽心胸

腋窝是人们平时很少触及的部位，但这不代表它就应该是个被忽视的角落，恰恰相反，它非常重要。

中国传统养生认为腋窝处有一个重要穴位，名为极泉，针灸或按摩极泉有宽胸宁神的功效。

西医则发现，腋窝处不仅有动静脉血管，还有大量的淋巴组织，因

此，常按腋窝，可以改善血液供应、刺激淋巴，提高免疫力。

按摩的方法有两种：第一种是揉按——用右手食指、中指和无名指的指腹，按照先顺时针、后逆时针的方法按摩腋窝各 15 次，然后换左手按摩右侧腋窝，每次持续 3~5 分钟即可。

第二种是弹拨，抬高一侧手臂，把另一只手的拇指放在肩关节处，用中指轻弹腋窝底，可时快时慢变换节奏，并左右交替进行。

注意，按摩时的手法必须轻柔，以免损伤局部的血管和神经。

（四）拍前胸，提高肺功能

前胸是人体阴气所汇之处，做好前胸保健，不但可以起到宽中理气的作用，还对改善人体肺部功能、提高抵抗力有重要作用。

可以采取虚掌轻叩轻拍的方法来保健。将五指并拢、掌心中空，对准胸部正中间的胸骨以适当力度拍击。每次拍 3~5 下，停 10 秒左右，每天 3~5 分钟。但应当注意的是，胸腔下有心肺等脏器，要注意力道，否则可能适得其反。

（五）揉小腹，有助健脾胃

肚脐是精气比较集中的地方，也是中医里的一个重要穴位"神阙"。周围分别还有中脘、关元、气海等穴，轻轻揉按，对调整人体气血、改善体内脏腑功能都有好处。

而中医一直提倡"腹宜常揉"的保健方法，讲究的就是在醒后、睡前分别揉按小腹周围，长期坚持，可增加肠胃蠕动、增强脾胃功能。还可以在饭后进行腹部按摩，将手心放在肚脐，采用逆时针和顺时针交替的方法轻揉肚脐及四周，对消化有促进作用。

对小腹进行适当的热敷也能达到保健效果。敷时，可用略高于体温的热水袋或热毛巾，轻轻敷在肚脐上，数分钟后取下，每天坚持敷 1~2 次。如果在室外，可把温热的手放在肚脐附近热敷。

（六）牵拉大拇指治颈椎

大拇指第二节如果变细，一般意味着颈椎供血不好。

因为颈椎在后面，前面是气管。颈椎、颈项反射区如果都鼓了起来，也代表咽喉和气管有问题。

在日常调理时，可以把牵压颈椎在手掌中的反射区和刮按拇指指肚呼吸中枢这两个方法结合起来。

具体就是将颈椎和咽喉的毛病一起调理，同时配合点压足大趾趾肚中间的呼吸中枢和足腕部解溪穴。

（七）胃药就在手上

手心中心偏下，第一掌指骨附近是胃反射区。老年人常按胃、胰反射区，能够调节肠胃功能。如果出现急性胃炎，或是胃感到不适，可以按一下胃反射区，效果非常好。同时，还可配合掐按每个手指缝，有助于消炎。

（八）手拇指指肚

比如有的老人因脑供血不足导致头晕，那么手拇指指肚处就是心脑供血区，每天掐手指指肚一分钟左右，就能改善血液循环。

（九）捏脚底，促进血液循环

脚被称为人的"第二心脏"，此处穴位较多，有成千上万个末梢神经，与人体各个脏器的健康密切相关，其重要程度不言而喻。

中医专家认为，隔两三天用热水泡泡脚，每次半小时，是非常简便易行的一种保健方法，可以起到温经通络、促进血液循环的作用。如果能在泡脚水中加入一些有助气血运行的中药，效果会更好。如将当归、红花、三七、川芎、丹参各少量包进纱布，做成中药包，提前放入热水浸泡，约半小时后即可泡出药效，而后还可加点白酒或醋。有失眠问题的人，特别推荐一试。

中医专家建议，在看电视的同时，用一侧手掌的大鱼际（手掌上大拇指与手腕间的突起处）揉按对侧脚底的涌泉穴，既有保健作用，还能活动手脚。

此外，使用足部按摩器，或弯弯脚趾、经常散步、踩鹅卵石等，都有促进脚部血液循环的作用。

第五节
人体经络与脏腑养生

一、五行、五色、五脏、五官、五味[①]

五行：金、水、木、火、土；

五色：白、黑、绿、红、黄；

五味：辛、咸、酸、苦、甘；

五脏：肺、肾、肝、心、脾；

五官：鼻、耳、目、舌、口。

以豆为例，绿豆具有清热解毒之功，入肝经为木性；红豆有补血、利尿、促进心脏活动的功效，入心经为火性；黄豆益气补脾，入脾经为土性；白豆含有较多的钙质，入肺经属金性；黑豆治消胀，下气，性寒，入肾经属水性。

再如：一个五行缺木的人，应多吃绿色的食物，多穿戴绿色的衣服饰品，甚至多些接近绿色的东西。

《黄帝内经》中有记载：食物的酸味与肝相应，有增强肝脏的功能；苦味与心相应，可增强心的功能；甘味与脾相应，可增强脾的功能；辛味与肺相应，可增强肺的功能；咸味与肾相应，可增强肾的功能。

所以，在选择食物时，必须五味调和，这样才有利于健康；若五味过

---

① 五色、五味、五脏、五官与五行的关系 [EB/OL]. 新浪博客，http://blog.sina.com.cn/u/1722247795.

偏，会引起疾病的发生。如酸味太过容易造成肝气太旺而克制脾胃功能（木克土）；苦味太过又很容易造成心火太旺而克制肺气（火克金）；甘味太过很容易造成脾胃过旺而克制肾气（土克水）；辛味太过容易造成肺气过盛而克制肝气（金克木）；咸味过多很容易造成肾气过盛而克制心气（水克火）。

酸生肝：酸味食物有增强消化功能和保护肝脏的作用，常吃不仅可以助消化，杀灭胃肠道内的病菌，还有防感冒、降血压、软化血管之功效。

以酸味为主的乌梅、山萸肉、石榴、西红柿、山楂、橙子、均富含维生素 C，可防癌、抗衰老，防治动脉硬化。

苦生心：自古就有良药苦口之说，中国传统养生术认为苦味食物能泄、能燥、能坚阴，具有除湿和利尿的作用。像橘皮、苦杏仁、苦瓜、百合等，常吃能防止毒素的积累，治疗各种疮症。

甘入脾：性甘的食物可以补养气血、补充热量、解除疲劳、调胃解毒，还具有缓解痉挛等作用，如红糖、桂圆肉、蜂蜜、米、面食品等都是补甘食物的不错选择。

辛入肺：中国传统养生认为辛味食物有发汗、理气之功效。

人们常吃的葱、蒜、辣椒、胡椒，均是以辛味为主的食物，这些食物既能保护血管，又可调理气血、疏通经络，经常食用，可预防风寒感冒。

但患有痔疮便秘、神经衰弱者不宜食用。

咸入肾：咸为五味之冠，百吃不厌。

中国传统养生认为咸味食物有调节人体细胞和血液渗透、保持正常代谢的功效。

咸味有泻下、软坚、散结和补益阴血等作用，如盐、海带、紫菜、海蜇等属于优质的咸味食物。

中国传统养生对情绪和脏腑的对应关系有如下记载：[1]

---

[1] 张进. 5 种情绪对五脏的影响 [J]. 人人健康，2011 (7).

人体五脏失调会引起不同情绪反应，反之，情绪又会影响五脏。所以保护身体，不狂喜、不大悲、不嗔怒、不惊不忧不恐，可以从懂得原理开始。

（一）情志：喜，对应脏腑——心

情志过激致病病机：过喜或暴喜会使心气消耗过度。

内伤脏腑的病理表现：注意力下降，头晕，心悸，入睡不深，时常惊醒。严重时可引起精神失常，或突然晕倒。

调养方法：推拿按摩心经或心包经可使血脉通畅，心气充沛，神志安宁。内服中成药：生脉饮、补心气口服液。

（二）情志：怒，对应脏腑——肝

情志过激致病病机：盛怒、暴怒导致肝气亢奋，过度消耗肝血，使肝血不足，则出现阳亢而阴不足的病理状态。

内伤脏腑的病理表现：肝气逆行，使得血液运行失常，消化功能出现障碍，常出现腹胀腹痛腹泻。严重时还可出现吐血、中风等危及生命的情况。

调养方法：推拿按摩肝经和胆经可以通畅肝气，保持其正常的疏泄功能，调整血液和津液的运行输布畅达，使得情志舒畅。可以自制枸杞梅菊饮。

（三）情志：忧，对应脏腑——肺

情志过激致病病机：愁忧、情绪抑郁导致肺气闭塞。忧愁的刺激量过大，或持续时间过长，就会使气机闭塞而致病。

内伤脏腑的病理表现：肺气阻滞，导致胸闷、气短、呼吸不利，进而出现喘促咳嗽等症。

可用中成药：补肺活血胶囊，百令胶囊。

（四）情志：思，对应脏腑——脾

情志过激致病病机：是指思维长时间的高度集中，思虑太过，气血受阻，郁结在一处，不能通畅运行到周身而致病。

内伤脏腑的病理表现，脾气不降，食后腹胀，消化不良，便秘，腹泻等症状。严重者则会有贫血、水肿、严重营养不良。

调养方法：推拿按摩胃经俞穴可以强健脾胃功能，增强消化吸收功能，保证气血在经脉内正常运行。尤其足三里穴，是人体重要的保健穴，疗效显著。

可用中成药：越鞠丸、参苓白术丸。

（五）情志：惊恐，对应脏腑——肾

情志过激致病病机：惊恐不是直接伤肾，而是先通过心的感受，继而由肾承受。前者多伤及心神，后者则多伤肾气。

内伤脏腑的病理表现：恐惧不仅伤肾气，还直接损伤肾精，惊伤心神，使诸脏气血失调。可出现精神萎靡、嗜睡、神经衰弱、人体免疫力紊乱或低下、心悸，甚至休克、痴呆等症状。

调养方法：推拿按摩肾经俞穴和关元、气海、命门、肾俞等全身强壮穴能调补肾精，有效延缓衰老，更能增强记忆力，提高工作效率和心理承受力。

可服中成药：六味地黄丸、金匮肾气丸。

二、调理全身经络①

通过按揉经络可以达到疏通经络，调理全身的作用：

（1）轻揉耳轮通肾气：双手握空拳，以拇指、食指沿耳轮上下来回推摩1分钟，直至耳轮充血发热。

提示：中医认为全身精气由各脏器收集后交肾来保存，肾开窍于耳，耳朵上布满了全身穴位，所以按摩耳朵不仅能健肾，还能打通全身穴位。

（2）梳头促进血循环：用手指或木梳从额头前至枕后，从两侧的颞部至头顶进行"梳头"，每回50~100次，以晨起梳头为最佳。

提示：人体各条经络都汇聚于头部，梳头时要经过眉冲、通天、百会、印堂、玉枕、风池等近50个穴位，对这些穴位进行按摩梳理，如同

---

① 保持经络畅通的 7 种方法 ［EB/OL］. 新良博客，http://blog.sina.com.cn/u/1902487040.

针灸的刺激，可以促进头部血流循环，疏通经络。

（3）莲花坐活动韧带：坐时，屈左腿，将左脚的脚背放在右大腿的腹股沟处，双手放在左膝盖上，轻柔地做上下弹性运动数次，使之接触地面；然后换右脚。

提示：坚持运动能有助于活动人体多处韧带，使腿、腹、胸、颈部等肌肉得到充分伸展，保持经络畅通。

（4）五字调息通五脏：每天清晨，用鼻子吸气，嘴呼气，同时心中默念：嘘、呵、咽、吹、呼字，不要出声。每个字音对应一个脏腑——嘘对肝，呵对心，咽对肺，吹对肾，呼对脾。

提示：这是利用调节呼吸来调匀气息，疏通五脏。如果常念"嘘"可以养肝明目，常念"呵"可以泄心火等，长久坚持，会有一定作用。

（5）三线放松通经络：平卧在床上，将身体分为三条线，分别自上而下放松。

第一条线（两侧）：头顶—头两侧—颈部两侧—两肩—两上臂—两肘关节—两手意念在中指端保持1~2分钟。

第二条线（前面）：面部—颈部—胸部—腹部—两大腿—两膝部—两小腿—两足背—十个脚趾。意念在脚趾部保持1~2分钟。

第三条线（后面）：后脑部—枕部—两小腿后部—两脚跟—两脚底。意念在脚心涌泉穴保持1~2分钟。

（6）薄荷茶味疏经络：取干薄荷叶15克，绿茶3克，冲入沸水1500毫升，待泡出味且稍凉后，滤去残渣，再加少量冰糖，或把鲜薄荷叶洗净，放入杯中，直接冲入开水。

（7）老丝瓜引导经络：老丝瓜1条，切碎炒至微黄，研成细末，每次10克，用热水过服。提示：老丝瓜的筋络贯穿，类似人体经络。借老丝瓜气来导引人体经络，使气血通顺，很有效果。

人体经络穴位图

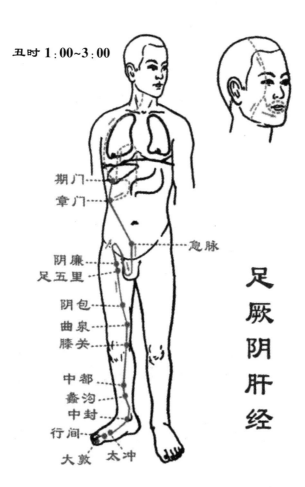

丑时 1：00~3：00

期门
章门
急脉
阴廉
足五里
阴包
曲泉
膝关
中都
蠡沟
中封
行间
大敦　太冲

足厥阴肝经

寅时 3：00~5：00

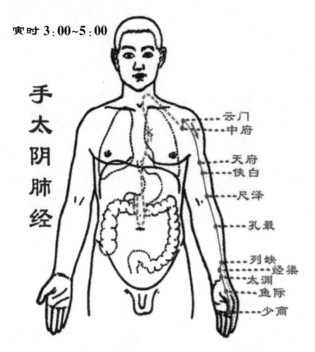

手太阴肺经

云门
中府
天府
侠白
尺泽
孔最
列缺 经渠
太渊
鱼际
少商

卯时 5：00~7：00

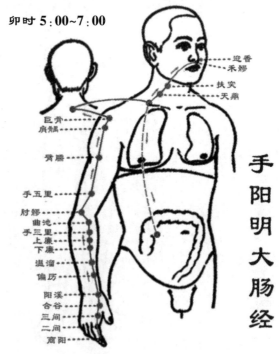

手阳明大肠经

迎香
禾髎
扶突
天鼎
巨骨
肩髃
臂臑
手五里
肘髎
曲池
手三里
上廉
下廉
温溜
偏历
阳溪
合谷
三间
二间
商阳

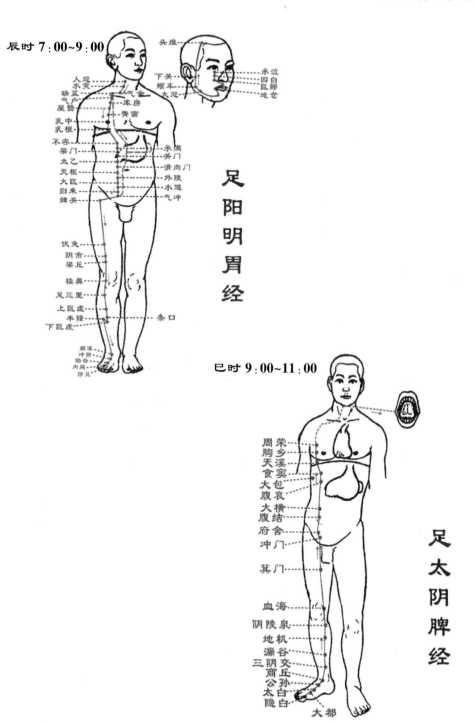

辰时 7：00~9：00

足阳明胃经

巳时 9：00~11：00

足太阴脾经

午时 11:00~13:00

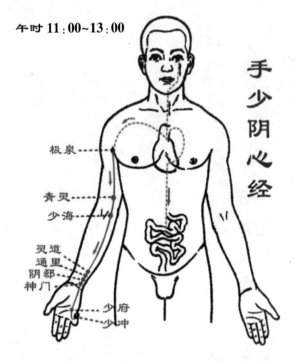

手少阴心经

极泉

青灵
少海

灵道
通里
阴郄
神门

少府
少冲

未时 13:00~15:00

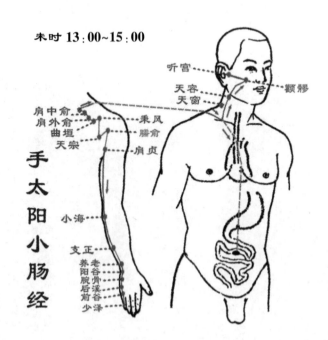

听宫
天容
天窗

颧髎

肩中俞
肩外俞
曲垣
天宗

秉风
臑俞
肩贞

手太阳小肠经

小海

支正

养老骨溪谷
阳腕后前
少泽

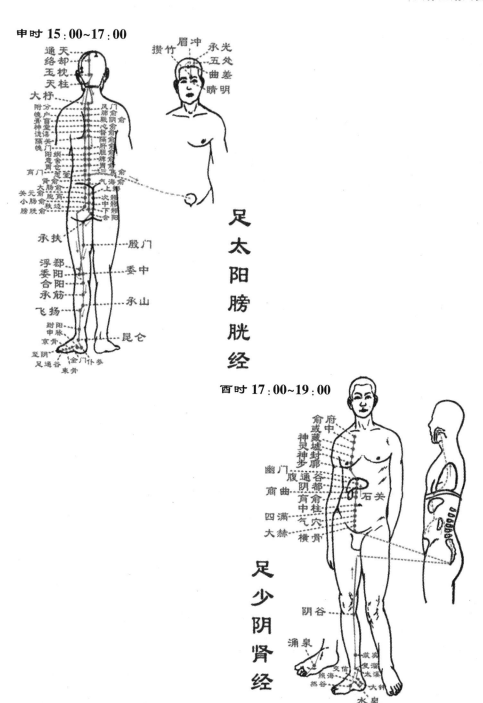

申时 15：00~17：00

足太阳膀胱经

酉时 17：00~19：00

足少阴肾经

戌时 19:00~21:00

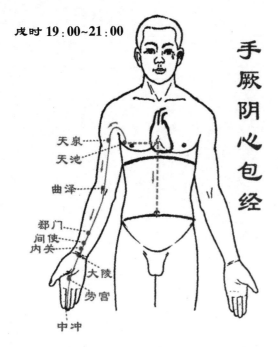

手厥阴心包经

天泉
天池
曲泽
郗门
间使
内关
大陵
劳宫
中冲

亥时 21:00~23:00

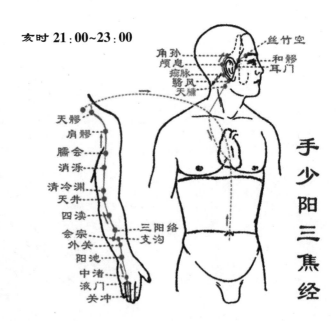

手少阳三焦经

丝竹空
角孙
颅息
和髎
耳门
瘛脉
翳风
天牖
天髎
肩髎
臑会
消泺
清冷渊
天井
四渎
三阳络
会宗
支沟
外关
阳池
中渚
液门
关冲

子时 23:00~1:00

足
少
阳
胆
经

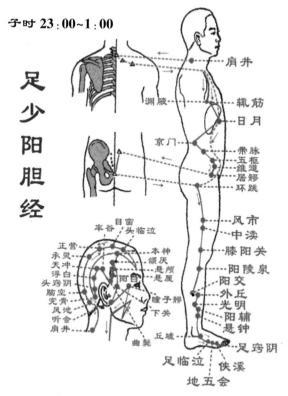

肩井
渊腋　辄筋
　　　日月
京门　带脉
　　　五枢道
　　　居髎
　　　维膠跳
　　　环
风市
中渎
膝阳关
阳陵泉
阳交
外丘
光明
阳辅
悬钟
足窍阴
足临泣　侠溪
地五会

目窗　头临泣
牢谷　本神
正营　颔厌　颅厘
承灵　天冲　白阳　悬颅
头临空　头窍阴　阳台
脑空　风池会　瞳子髎
听肩　下关
曲鬓　丘墟

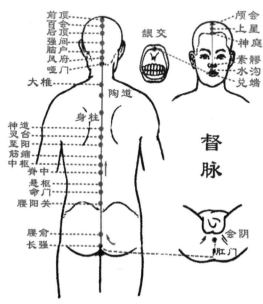

顶会
前顶　上星
百会顶　神庭
后顶间户　龈交
强脑风府　素膠
哑门　水沟
大椎　兑端
陶道
身柱
道台阳
神灵至　督
灵缩枢　脉
筋中
脊中
悬枢
命门
腰阳关
腰俞　会阴
长强　肛门

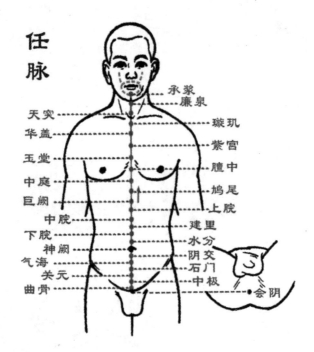

任脉

承浆
廉泉

天突
华盖
玉堂
中庭
巨阙
中脘
下脘
神阙
气海
关元
曲骨

璇玑
紫宫
膻中
鸠尾
上脘
建里
水分
阴交
石门
中极
会阴